KB200508

리프레시 치치

RE
FRESH
CHURCH

팬데믹 이후의 교회를 찾다

이상훈 지음

교회성장연구소

코로나19 팬데믹은 온 세상을 흔들어 놓았습니다. 한국 교회도 예외가 아닙니다. 코로나19 팬데믹이 한국 교회에 가져온 충격은 상당합니다. 그러나 더 큰 문제는 코로나19 팬데믹 이후입니다. 곳곳에서 코로나19 이후 불어올 폭풍에 대해 전망을 하고 있습니다. 어느 때 보다 위기감이 고조되고 있습니다. 코로나19와 싸우다가 코로나19 이후를 준비하지 않으면 더 큰 재앙이 올 수 있습니다. 코로나19의 긴 터널을 지나는 지금이 중요합니다. 저자는 바로 그 이야기를 하고 있습니다.

위기라고 하는 사람은 많습니다. 위기를 기회로 바꿀 수 있는 혜안이 필요합니다. 이 책은 지금 꼭 읽어야 합니다. 저자인 이상훈 교수는 그동안 미국 교회의 동향들을 발 빠르게 분석하고 평가하며 미래 교회를 위해 대안을 내어놓던 일을 쉬지 않았습니다.

이 책 『리프레시 처치Re_Fresh Church』 역시 마찬가지입니다. 코로나19 상황 속에서 북미 교회가 경험한 위기와 그 위기 앞에 선 교회가 가진 고민과 대응책을 가감 없이 기술했습니다. 그 누구도 예상치 못했던 도전이었기에 충격과 아픔도 컸습니다. 그러나 저자는 절망을 이야기하지 않습니다. 교회가 교회 된다는 것이 무엇인지를 찾고 그러한 모델을 제시합니다. 그리고 거기에서 기회를 찾습니다. 지금이야말로 교회 공동체가 하나님의 선교에 참여할 수 있는 카이로스의 시간이고, 하나님은 그런 교회를 통해 새로운 역사를 이루실 것이라는 전망은 성경과 구속사 속에서 발견하는 가장 오래되고 감동적인 장면입니다.

그런 면에서 이 책은 깊은 고민 가운데 빠져 있는 한국 교회를 위한 중요한 선물이라고 생각합니다. 교회를 사랑하는 모든 리더에게 기쁜 마음으로 일독을 추천합니다.

이규현 | 수영로교회 담임목사

미래에 대한 관심이 그 어느 때보다 높은 현실입니다. 특히 교회와 관련한 불안한 미래에 대한 염려의 목소리가 높습니다. 이런 염려의 목소리가 높아질수록 우리가 잊지 말아야 할 것이 있습니다. 교회의 미래는 우리가 아닌 하나님의 손길 아래 있다는 사실입니다. 그러기에 우리는 이 시대로 인해 절망하지 않고 새로운 미래를 꿈꾸고 기대합니다.

하나님의 역사는 늘 그래 왔습니다. 모두가 끝이라고 생각했을 때 하나님은 거기서 새로운 일을 행하십니다. 그 하나님의 열심이 위기 때마다 빛을 발해 왔습니다. 그 하나님께서 오늘 우리를 부르십니다.

지금이야말로 교회가 새로워질 때입니다. 『리프레시 처치Re_Fresh Church』는 그런 의미에서 오늘 우리에게 꼭 필요한 책입니다. 저자인 이상훈 교수는 지난 십 수년간 끊임없는 연구와 분석을 통해 상황화된 사역 모델과 역할을 제시해 왔습니다. 교회 공동체가 선교적 안목으로 시대를 읽고 대안을 찾아갈 수 있는 안내자의 역할을 수행해 왔습니다.

독자들은 책을 읽으면서 이 시대의 교회를 변혁적 관점에서 보게 될 것입니다. 나아가 우리보다 앞서 행하시는 하나님의 선교에 참여하기 위한 새로운 상상력과 변화에 대한 용기를 얻게 될 것입니다.

이 책이 많은 이의 손에 붙잡혀 읽히길 바랍니다. 그로 인해 새 시대를 위한 하나님의 초청에 능동적으로 반응하는 변화와 갱신이 한국 교회 안에 발생하기를 기대합니다. 이 책을 여러분 모두에게 추천합니다.

이찬수 | 분당우리교회 담임목사

코로나19는 한국 교회뿐만 아니라 전 세계에 흩어져 있는 교회 생태계에 엄청난 충격과 함께 많은 변화를 불러일으켰습니다. 많은 교회 목회자가 코로나19로 인한 충격에서 여전히 벗어나지 못하고 있고, 앞으로 어떻게 해야 할지 또 어디로 가야 할지 그 방향을 잃어버린 채 당황해하고 있습니다. 코로나19로 인하여 목회의 지형은 송두리째 흔들렸고 많은 교회가 정체성의 위기에 봉착하게 되었습니다. 그러나 지금까지 교회의 역사가 그래왔듯이 하나님의 생명력이 살아 있는 교회는 성령님의 도우심으로 위기를 다시 한번 도약할 기회로 변화시켜 왔습니다.

여기 코로나19로 인한 뉴노멀 시대의 교회와 목회를 창의적으로 '초기화하고Reset', '다시 시작하고Restart', '다시 활성화하고Reactivate', '성육신적으로 세상과 함께하고Reimagine', '온라인 사역Recreate'을 통하여 땅끝까지 복음을 확장하므로 위기를 기회로 역전시킬 수 있는 길을 제시하는 소중한 선물이 한국 교회에 주어졌습니다. 이상훈 교수는 그동안 선교적 교회의 사역을 위하여

『뉴노멀 시대, 교회의 위대한 모험』, 『리싱크 처치Re_Think Church』, 『리뉴 처치Re_New Church』, 『리폼 처치Re_Form Church』 등의 주옥같은 책들을 출판하였는데, 이번에 그 모든 저서의 완결판이라고 할 수 있는 『리프레시 처치Re_Fresh Church』를 출간하였습니다.

이 책에서 저자는 새로운 목회 원리를 제시하되 팬데믹으로 인한 뉴노멀 시대의 교회와 목회를 위한 다양하고 창의적인 사역을 소개하고 있으며, 미래 교회의 유형과 변혁의 흐름을 안내하고 있습니다. 그리고 더 나아가 코로나19 이후의 교회 전망과 준비를 어떻게 할 것인가에 대해서도 소개하고 있습니다. 이 책은 창의적이고 혁신적인 교회 모델을 통해 온라인 사역의 로드맵을 제시하고 있는 『온라인 사역 혁명Re_Connect』과 함께 코로나19로 인하여 커다란 위기에 놓여 있는 한국 교회에 주어진 참으로 소중한 선물이라고 생각합니다.

주승중 | 주안장로교회 위임목사

몇 년 전 가족과 함께 데스 벨리Death Valley를 방문한 적이 있습니다. 한눈에 다 담을 수 없는 광활한 사막과 신비로운 황금 능선의 정경들을 보느라 시간 가는 줄 모르고 밤을 맞이했습니다. 짙은 어두움 가운데 데스 벨리를 빠져나올 수 있는 유일한 길은 GPS의 안내를 따르는 것뿐이었습니다. 그런데 무슨 일인지 GPS가 작동하지 않았습니다. 다른 차라도 앞에 있으면 쫓아갔을 텐데 단한 대의 차도 보이지 않았습니다. 올바른 길로 가고 있는지 도무지알 수 없는 상황이 저를 두렵고 초조하게 했습니다. 그렇게 한 시간을 운전한 후에야 GPS가 작동하여 길을 찾을 수 있었습니다.

지난 2년 동안의 코로나19 팬데믹을 겪으면서 마치 데스 벨리 한가운데서 길을 잃은 것과 같은 당황함과 두려움에 휩싸이곤 했습니다. 저뿐만 아니라 모든 목회자가 같은 심정이었을 것입니다. 코로나19가 우리 모두에게 초행길이었기 때문에 그 누구도 가이드역할을 할 수 없었습니다. 각자가 자신의 길을 찾아야 했고 그 과정에서 많은 목회자가 지치고 교회들은 위기를 맞이했습니다. 코로나19 기간 중 미주 한인 교회 20%가 감소했다는 것은 코로나19 사태가 교회에 끼친 영향이 얼마나 컸는지 방증해 주는 것입니다.

'앞으로 교회가 어떻게 될 것인가? 교회는 과연 어떤 길로 가야 하는가?' 팬데믹 상황에서 길을 찾고자 하는 목회자들의 보편적인 질문일 것입니다. 이런 질문에 답을 제시하기 위해 이상훈 교수는 『리프레시 처치Re_Fresh Church』를 펴냈습니다. 이 책에서 저자는 급변하는 목회적 환경에 대한 긍정적 평가와 목회자의 패러다임 전환의 중요성을 피력하고 있으며, 팬데믹 상황에서 교회가 집중해야 할 사역이 무엇인지 제안하고 있습니다. 그뿐만 아니라 코로나19 이후 교회의 모습이 어떠할지 전망하고 있습니다. 『리프레시 처치Re_Fresh Church』는 팬데믹 가운데서 길을 찾지 못해 당황해하는 목회자들에게 GPS가 될 것입니다. 교회의 회복을 넘어 부흥을 소망하는 모든 목회자에게 이 책을 적극 추천합니다.

고현종 | 디사이플교회 담임목사

PART 1

새로운 목회 원리

PART 2

선교적 교회와 팬데믹 시대의 교회

PART 3

전망과 준비

Prologue

『리프레시 처치Re_Fresh Church』는 코로나19 팬데믹 기간 중 필자가 집필한 세 번째 책이다. 현장 사역 전문가들과 공동으로 집필한 『뉴노멀 시대, 교회의 위대한 모험』과 북미 지역의 온라인 교회를 분석한 『온라인 사역 혁명Re_Connect, 리커넥트』에 이어 새로운 시대 전망과 상황화된 사역 원리를 다룬 『리프레시 처치Re_Fresh Church』에 이르기까지, 돌아보면 팬데믹 기간임에도 불구하고 쉴틈 없이 연구하고 글을 써왔다.

그만큼 절박하고 긴급한 상황이었다. 많은 교회가 어디를 향해 가고 무엇을 해야 할지 모르는 상황 속에서, 필자는 팬데믹 발생과 함께 네트워크를 이루고 있던 지역교회 목회자들과 더욱 긴밀히 교류하면서 현장의 긴장과 요동치는 맥박수를 느낄 수 있었다.

무엇이든지 해야 했다. 예전과 같이 교회 현장을 다니면서 자유롭게 연구할 수는 없었지만, 최대한 많은 웨비나webinar와 책들,

다양한 리더와 교류를 통해 시대 감각을 잡으려 했다.

상황이 진정되면서, 필자는 한국보다 빨리 오픈된 미국 교회를 들여다볼 수 있었다. 그 사이 한국에 두 차례 방문하면서 조국 교회의 현실과 상황을 몸소 체험했다. 그렇게 썼던 글들이 모여 한 권의 책이 되었다.

이 책은 그런 의미에서 완성형이 아닌 진행형이며 또한 미래형이다. 우리가 맞이할 미래는 언제나 그렇듯이 예측 불가능한 새로운 현실이다. 그러므로 교회는 더 빠르고 민첩하게 반응해야 한다. 더 깊은 성령의 역사를 받아들여야 한다. 그것이 우리에게 주어진 새로운 숙제이다.

다행히도 우리의 도전은 나 홀로의 게임이 아니다. 우리 주변에는 같은 부르심과 꿈을 가진 동료들이 있으며 무엇보다 역사를 주관하시는 하나님이 계심을 잊어서는 안 된다.

오늘 우리에게 믿음이 필요하다. 새로운 용기가 필요하다. 그러므로 교회여! 과거에 얽매이지 말고 새로운 시대를 맞이하라. 영적 야성을 깨우고 뜨거운 열정으로 세상을 향해 나아가라.

나는 오늘 이 책이 정체되어 있는 우리의 사고를 깨우고 지금도 일하고 계시는 하나님과 함께 미래로 나아가는 기폭제가 되기를 바란다.

이 책은 크게 세 개의 파트로 나뉘어 있다. 첫 번째 파트에서는 팬데믹 이후의 교회를 위한 사역 원리, 두 번째 파트에서는 새로운 사고와 사역으로 대표되는 북미 지역교회의 선교적 흐름과 새 시대 교회론, 세 번째 파트에서는 코로나19 이후 북미 지역교회의 상황 분석과 사역 전망을 다루었다. 모든 글이 코로나19 상황 속에서 쓰였기 때문에, 당시의 정황과 이슈에 귀착되어 있고 그로 인해 어떤 주제들은 반복해서 논의된 부분이 있음을 밝힌다.

바라기는 이 책이 역사의 소용돌이 속에 잠시 머물다 잊혀지는 내용이 아니라 새로운 시대를 준비하고 대비하는 디딤돌이 되었으면 좋겠다.

Special Thanks

또 한 권의 책이 세상에 나오게 되었다. 여전히 나의 가슴에는 처음 책을 냈을 때와 같은 감격이 흐른다. 그 감격을 함께 나누고 싶은 분들이 있다. 무엇보다 책이 나올 때마다 글을 읽고 공감해 주는 독자들이 있기에 이 여정을 지속할 수 있다. 모든 분께 감사를 드리고 싶다. 또한 원고를 보낼 때마다 필요와 가치를 알아주고 온 힘을 다해 주시는 교회성장연구소 식구들에게도 감사의 마음을 전한다.

아울러 목회자로서, 학자로서 나의 여정을 지켜보면서 멘토링과 격려를 아끼지 않으시며 추천사를 써 주신 사랑하고 존경하는 이규현 목사님, 이찬수 목사님, 주승중 목사님, 고현종 목사님께 특별한 감사를 드린다. 작지만 독특한 사역을 감당하는 학교로 자리매김하는 America Evangelical University미성대학교 식구들, Missional Church AllianceMiCA 동역자들, 너무나 사랑하는 가족수정, 민혁, 민성 모두가 이 책이 있게 한 원인자들이다.

　마지막으로 『리프레시 처치Re_Fresh Church』가 팬데믹 이후를 준비하는 많은 목회자와 교회 리더들에게 용기와 힘을 불어넣는 자료가 되기를 바란다. 역사의 고비 고비 마다 특별한 은혜와 섭리로 길을 여신 하나님께서 코로나19 이후 역시 놀랍게 이끌어 가실 것이기에, 믿음으로 반응하는 한국 교회가 되기를 더욱 간절히 기도한다.

새로운 시대가 열렸다. 거대한 변화의 물결이 모두를 혼미하게 만들었다. 정신을 차리고 초점을 맞춘 세상은 이전의 세계가 아니었다. 새로운 시대에 진입한 것이다. 새로운 시대가 열렸다면, 새로운 교회가 필요하다. 새로운 사역과 목회 원리가 필요하다. 새로운 상상력 없이 항해하는 것은 불가능하기에 지금 우리는 꿈을 꿔야 한다. 그 꿈을 꾸기 위한 원리를 찾아보자.

PART 1

새로운 목회 원리

CHAPTER

·

01

목회 지형이 흔들린다

목회 지형이 흔들린다

20세기 말 세상은 온통 Y2K라 불리는 밀레
니엄 버그Millennium Bug에 대한 두려움에 빠
져 있었다. 1900년대에서 2000년대로 바뀌게
되면 컴퓨터가 날짜 인식을 혼동하게 되고 그
결과 대혼란이 발생할 수 있다는 논리였다.
예상되는 결과는 끔찍했다. 날아가는 비행기
가 떨어지고 방사능이 누출되며 금융망에 혼
돈이 생기고 잘못하면 핵미사일까지 발사될
수 있다는 것이었다. 물론 극에 달했던 Y2K
의 공포는 2000년 1월 1일 첫날이 시작되자마
자 한낱 해프닝으로 끝났다.

그러나 교회의 공포는 그때부터 시작되었
다. 거칠 것 없어 보이던 한국 교회의 성장이

멈추면서 정체기에 접어들었고, 이후 여러 곳에서 부식과 쇠퇴의 신호가 잡혔다. 물론 2000년대 초반까지만 하더라도 교회는 그러한 위기를 제대로 인지하지 못하고 있었다. 대부분의 교회는 여전히 90년대 모델을 쫓으면서 교회 성장을 표방하는 각종 세미나와 콘퍼런스에 수많은 사람이 몰렸다. 당연히 교회는 거기서 배운 비법을 접목하기 위해 노력했다. 많은 교회가 여전히 큰 건물을 짓기 위해 무리했고 그 속에서 교회 건축의 붐은 지속되었다. 좋은 프로그램과 건물이 수적 성장을 이루는 기반이 된다는 보이지 않는 신념이 작동하고 있었다.

하지만 현실은 달랐다. 교회는 과거와 비교할 수 없을 만큼 냉혹한 현실 앞에 서야 했다. 교회가 맞이한 한파는 믿음이 없어서도, 노력이 부족해서도 아니었다. 그때나 오늘이나 대다수 목회자는 온 힘을 다한다. 교회를 세우기 위해, 더 크고 건강한 교회를 이루기 위해 자기희생도 마다하지 않는다. 그러나 어렵다. 성장을 위해 온갖 노력을 다해 보지만 현상 유지조차 쉽지 않은 것이 오늘날 목회 현실이다.

필자가 미국에 온 해가 2000년이었다. 당시만 해도 미국 교회를 배우고 그 배움을 한국 교회에 접목해서 앞서가는 목회를 하겠다는 꿈이 있었다. 물론 석박사碩博士 과정을 하는 8년 동안 그 생각은 이루어지지 않았다. 매달 필요한 생활비와 학비, 갓 태어난 아이를 위한 양육비를 벌며 학위 과정을 좇아가느라 다른 곳에 신경 쓸 겨를이 전혀 없었다. 대신 한인 교회 두 곳에서 사역하면서 성장의 기쁨과 깨어짐의 아픔을 느끼며 목회 현장의 냉정한 현실을 배울 수 있었다.

8년여의 세월이 지나고 다시 돌아본 교회는 나의 기대와 큰 차이가 났다. 쇠퇴의 기운이 만연한 미국 주류 교회들과 더불어 빠른 속도로 그 전철을 따라가던 한국 교회의 모습이 오버랩overlap됐다. 원인은 건물이나 프로그램의 문제가 아니었다. 시대가 변했고 문화가 변했기 때문이다. 급속한 기술의 발전 속에 세속주의와 다원주의, 과학주의가 부상했고, 문화적으로는 포스트모던postmodern적인 사고와 사상이 지배하면서 사람들의 삶의 방식은 큰 변화를 겪었다.

사실 사회의 모든 분야가 도전을 받았고 그 도전 속에 변화가 나타났다. 전광석화電光石火처럼 빠른 변화가 동시다발적으로 발생하자 시대를 예측하거나 대비하는 일이 더욱더 어려워졌다. 이스라엘 역사학자 유발 하라리Yuval Noah Harari는 이 같은 맥락에서 "예측을 할 수 없으니 미래에 추구할 목표나 가치를 결정할 수도, 계획을 세울 수도 없다"라고 말했다. '솔직히 이런 일은 인류 역사상 처음'이라는 꼬리표와 함께 말이다.

종교에 대한 인식과 반응 역시 냉소적으로 변했다. 과거 사람들은 종교를 통해 삶의 안정과 위안을 얻었다. 그러나 이제는 엔터테인먼트entertainment와 가상 공간cyberspace, virtual space, 假想空間이 그 자리를 대신한다. 종교의 순기능적 역할이 약화되면서 교회의 활력 또한 급격한 감소를 경험했다. 많은 교회가 과거의 경험과 관행에 머무르며 그동안 쌓아왔던 부와 권력을 탐닉하는 사이 교회 밖 사람들의 시선은 더욱더 싸늘해졌다. 젊은 사람일수록 권위적이고 제도적인 종교에 매력을 느끼지 못하고, 기성 종교에 대한 불신과 무관심이 커졌다. 돌이켜보면, 이러한 상황 속에서 교회의 미래를 예측하기란 결코 어려운 일이 아니다. 세상의 변화를 자각하지 못하며 자기 자신에 함몰된 교회가 세상을 변화시킬 수 있으리라는 기대는 그 자체가 불가능하다.

그래서인지 이제는 모든 사람이 교회의 위기를 말한다. 작고 연약한 교회뿐만 아니라 제법 규모가 있고 건실했던 교회도 같은 고민을 한다. 솔직히 오늘날에는 수천 명의 성도가 모이는 메가처치megachurch들도 돌파구를 찾기에 목이 마르다. 이대로 미래를 맞이할 수 없다는 절박감이 있기 때문이다.

목회 지형이 흔들린다. 이제는 그동안 목회를 떠받쳐 왔던 과거의 성공 방식이 더는 대안이 될 수 없음을 누구나 알고 있다. 시대에 맞는 새로운 목회, 새로운 방식이 필요하다. 코로나19 시대를 통과하면서 그러한 기대는 더욱 절박해졌다. 새로운 상상력과 창의적인 목회가 필요하다. 과연 우리는 그 길을 찾을 수 있을까? 새롭고 창의적인 사역을 할 수 있을까?

이 책은 그러한 고민을 함께하기 위해 쓰였다. 시대에 적합한 표현을 통해 현대인들과 교류하며, 교회 밖 사람들에게 복음을 전하고, 교회 내 다음 세대를 끌어안을 수 있는 동력을 찾아야 한다. 생존을 넘어 교회 본연의 사명을 감당하며 세상을 변화시킬 수 있는 공동체가 되기 위해, 사이즈와 규모의 차원을 넘어 성경적이고 건강한 교회를 세우기 위해 우리의 탐구는 지속해야 한다.

물론 정답을 찾기란 쉽지 않다. 누구나 속 시원하게 느낄 솔루션을 찾는 것은 불가능하다. 그러나 하나님의 선교는 언제나 그러한 지점에서 발생했다. 적대적이며 불완전한 상황 속에서 성령은 역사하신다. 그러므로 오늘 우리는 하나님께서 주체가 되어 행하고 계신 일들을 바라봐야 한다. 그리고 그 일에 참여하는 교회가 되어야 한다. 그것이 바로 살아있는 교회이며 미래를 준비하는 교회의 모습이다.

이제 그 여행을 떠나보자. 혼돈과 어둠 속에서 새로운 질서를 만들며 창의적 사역을 이끄시는 성령의 능력을 힘입어 참된 교회 공동체가 되는 일과 미래 사회를 위해 지금 교회에 필요한 사명과 사역이 무엇인지를 고민해 보자. 창조주 하나님께서 만드시는 새로운 미래를 향한 교회를 꿈꾸며…….

CHAPTER

·

02

새로운 출발을 준비하라

새로운 출발을 준비하라

2020년이 시작되면서 교회 전문가 톰 레이너Thom S. Rainer는 다가올 미국 교회의 트렌드를 다음과 같이 예상했다.

첫째, 예배 규모가 작아질 것이다.

둘째, 주일 오전 시간 외에 드려지는 예배가 증가할 것이다.

셋째, 교회 시설에 극적인 변화가 있을 것이다.

넷째, 출석이 더 강조될 것이다.

다섯째, 전도의 중요성과 우선성이 원래의 자리로 돌아갈 것이다.

여섯째, 풀타임full time 임금賃金을 받는 목회자와 직원이 적어질 것이다.

일곱째, 지역교회는 교단을 넘어 다양한 단체와 연결될 것이다.

코로나19로 인해 순식간에 모든 것이 바뀐 현재, 뒤돌아보면 톰 레이너의 예상은 현실이 되었다. 먼저, 예배 규모가 작아질 것이라는 예측은 단지 줄어드는 성도 수와 관련된 문제만은 아니다. 이러한 현상은 성장하는 교회에서도 발생한다.

과거 베이비부머baby boomer 시대에는 크고 집단적인 가치가 주를 이루었다. 그러나 이후의 세대 특히 밀레니얼 세대millennials에 이르러서는 오히려 반대의 특성이 강하게 나타난다. 그들은 작은 규모와 친밀한 관계, 영적인 경험을 선호한다. 오늘날 미국의 젊은 교회들이 전형적인 교회 건물 대신 창고나 사무실, 카페나 가정집 등을 거리낌 없이 사용하는 이유가 바로 여기에 있다.

예배 시간의 다양화는 무엇을 의미하는 것일까? 과거 주일 오전 10시는 모든 마을 사람이 교회에 모여 예배를 드리는 거룩한 시간이었다. 그렇지만 이제는 헌신적인 성도들조차도 주일을 온전히 지키기 어려운 시대가 되었다. 주일에도 직장에 가야 하는 사람이 많아졌다. 이로 인해 다양한 장소와 시간대에 예배를 제공하는 교회가 늘어나고 있다. 최근에는 주일과 똑같은 예배를 주중에 드리는 교회도 생기고 있다. 이러한 현상은 예배 시설에도 영향을 미처 많은 사람이 한자리에 모여야 하는 큰 건물 대신, 멀티 사이트multi-site 교회나 캠퍼스campus 교회가 보편화되고 온라인on-line 교회가 확산되는 이유이기도 하다.

출석과 전도에 대한 강조는 성령의 능력과 복음에 대한 확신을 가진 교회가 여전히 성장하고 있다는 사실과 맞물려 이해할 수 있다. 한때 교회는 사회적 선한 행위를 복음 전도와 동일시한 적이 있었다. 그러나 영혼 구원에 대한 열정이 식자 교회의 생명력 또한 약해졌다. 비신자와 타 종교 분포도가 급격히 높아지면서 교회는 과거와 같은 영향력을 더는 발휘할 수 없게 되었다. 공격적인 전도나 이벤트를 통해 복음을 전할 수 있는 시대가 종식되면서 복음은 점점 더 믿을 수 없는 이야기가 되고 말았다.

복음이 복음 되기 위해서는 살아있는 스토리가 필요하다. 그리고 그것을 전달할 새롭고 창의적인 방식이 요구된다. 오늘날 건강하게 성장하고 있는 교회들을 보라. 그들은 한결같이 복음 전도의 사명을 새롭게 인식하고 모든 성도가 주체가 되어 전도자의 삶을 살 수 있는 문화를 만든다. 세상 한복판에서 이웃을 만나 관계를 형성하고 복음을 전하는 진지한 시도와 노력이 있는 교회가 되기 위해 모든 역량을 기울인다. '소비적 종교인'을 넘어 '선교적 그리스도인'을 만들 수 있는 교회가 되는 것이 중요한 과제가 되었다.

풀타임 사역자가 줄어들고 있는 현상은 그만큼 교세가 약해지고 있다는 방증이기도 하다. 전체적으로 성도와 헌금이 줄면서 이중 직을 갖는 사역자가 많아지는 것은 필연적 결과일 수도 있다. 그렇지만 의도적으로 이중직을 선호하는 사역자가 많아지고 있는 현실 또한 간과해서는 안 된다. 삶의 현장을 선교지로 여기며 복음을 전하고 신앙 공동체를 이끌려는 시도가 증가하고 있다. 일터 사역 Marketplace Ministry, 직업 선교Tentmaking, 비즈니스 선교Business as Mission와 같은 사역들이 활발해지는 이유가 여기에 있다. 상대적으로 교단의 영향력은 약화되는 중이다. 미국에서는 첨예한 사회적 이슈와 다양한 신학적 입장으로 인해 분열되는 교단이 증가하고 있다. 이로 인해 많은 교회가 독립 교회independent church나 초교파 교회non-denominational church를 선호하고 자신의 정체성과 확장성을 위해서는 다양한 단체와 네트워크에 연결되어 필요한 자원을 조달받는다.

물론 이러한 트렌드가 한국 교회의 미래를 예단하는 온전한 지표가 될 수는 없을 것이다. 그러나 조금만 생각해 보면 대부분의 사항은 이미 한국 교회에서도 감지되고 있는 내용임을 알 수 있다. 한국의 젊은 세대 역시 기성세대와 전혀 다른 가치관과 문화적 특성을 가지며, 현대인의 삶의 자리는 산업화와 도시화의 최정점에 놓여 있다. 공격적이고 이벤트 중심의 복음 전도는 그 유효성이 끝났기에 헌신적인 선교적 그리스도인 없이 교회의 미래를 논하기는 불가능하다. 목회자들에게 사역지 부족 현상과 이중직 또한 현실화된지 오래고 그 속에서 교단이 끼치는 영향력과 역할은 점점 더 미미해져 가고 있다.

  과거와 전혀 다른 상황 속에서 우리는 어떻게 문제에 함몰되지 않고 새로운 돌파breakthrough를 이루어 낼 수 있을 것인가? 핵심은 이것이다. 미래 목회는 더욱더 만만치 않은 상황으로 전개되겠지만 그 자체가 교회를 무너트리는 원인은 되지 못한다. 오히려 부흥과 갱신은 언제나 절망과 갈등, 심각한 침체 속에서 발생했다. 우리에게 필요한 것은 현실에 대한 냉철한 분석과 더불어 이에 대응하는 새로운 태도이다. 관습과 습관에 갇혀 있던 사고의 틀을 벗어나 자유케 하시는 성령의 능력 안에서 창의적이고 모험적인 도전을 준비해야 한다. 시대에 함몰되는 다수가 아닌 시대를 위해 준비해 놓으신 창조적 소수가 되기를 꿈꿔야 한다. 그것이 바로 오늘 우리를 부르신 하나님의 목적이다. 그러므로 물어야 한다. 나는 오늘 시대를 읽는 냉철한 안목을 가지고 있는가? 새로운 상상력을 가지고 도전을 꿈꾸고 있는가? 과거를 맹종하고 답습하는 사역이 아닌 새롭고 창의적인 길을 갈 준비가 되어 있는가? 그것을 위해 마땅히 치러야 할 땀과 눈물, 노력을 기울이고 있는가?

CHAPTER

·

03

지금이 변화를 위해
최적화된 시간이다

지금이 변화를 위해
최적화된 시간이다

순간, 세상이 멈춰 버린 듯한 느낌이었다. 필자가 있는 미국 캘리포니아도 예외는 아니어서 코로나19의 여파로 대부분의 모임과 활동이 금지되었다. 학교도 공원도 운동장도 모두 휴면상태로 들어갔다. 이렇듯 정상적인 생활과 경제 활동이 불가능해지자 사람들의 불안과 두려움은 커져만 갔다. 언제 끝이 날지, 그 이후에는 어떤 상황이 전개될지 알 수 없기에 모두가 긴장 속에 하루하루를 지냈다.

교회가 받은 충격 또한 엄청났다. 회중 예배가 제한되고 이제까지 당연시 여겨 왔던 모든 모임과 사역이 중단되었다. 교회에 위기가 닥쳤다. 큰 교회는 큰 교회대로, 작은 교회는 작은 교회대로 생존을 염려해야 하는 상황까지 다다랐다. 이 어려운 시기가 빨리 지나가기를 기도할 뿐이었다. 이전의 사역으로 돌아갈 수 있도록 말이다.

그러나 교회가 과거의 자리로 돌아가 이전과 같은 사역을 한다 해도 그때와 같은 역동성을 회복할 수 있을지에 대해서는 의문이 남는다. 미국의 경우, 몇몇 전문가는 코로나19가 끝나고 나면 장기적으로 성도의 3분의 1을 잃을 수 있다는 비관적 전망을 하기도 했다. 수치의 정확성을 떠나 성도의 수적 감소를 예상하는 것은 무리가 아닌 것 같다.

또 하나의 예측은 교회가 과거의 모습으로 돌아가려 할 때물론 대부분의 리더와 교회는 이미 그럴 준비가 되어 있겠지만, 사회적 변화는 그런 교회를 용납하지 않을 것이라는 점이다. 생각해 보라. 지금의 위기는 기존의 기업과 조직의 근간을 뒤흔들고 있다. 과연 몇 개의 기업이 살아남을지, 또 생존한 기업이 얼마나 오래 존속될지 아무도 장담할 수 없다. 누군가 말했듯이 설사 운 좋게 살아남는다고 할지라도 급격한 사회 변화에 적응하지 못하는 기업과 단체는 곧 사라질 것이라는 예측은 현장의 분위기가 얼마나 살벌한가를 보여주는 단적인 예에 불과하다. 적응성과 유연성, 혁신은 미래의 키워

드이다. 시대의 흐름이 교회의 변화를 재촉하고 있다.

선교적 교회 운동이 일어나면서 학자들과 전문가들은 끊임없이 교회 변혁을 외쳤다. 본질로 돌아가서 교회 본연의 모습이 되어야 한다고 주장했다. 그러나 과거의 오랜 관성을 깨고 새로운 모습으로 탈바꿈하는 과정이 얼마나 어렵고 힘든 일인지 우리는 잘 알고 있다. 변화를 공감하면서도 작은 것 하나 내려놓기가 진짜 어렵다. 그러나 코로나19는 그런 교회를 뒤흔들어 바꾸어 놓았다. 불과 몇 주 만에 많은 교회가 이제까지 주저해 왔던 새로운 모험에 뛰어들었다. 교회 건물을 벗어난 주일 예배를 한 번도 생각해 보지 못했던 교회들이 온라인으로 예배를 드리기 시작했다. 가정 단위로 집에서 예배를 드렸다. 그 현장에는 찬양팀도 성가대도 없었다. 심지어 가운을 입고 예배를 집례하는 성직자도 없었다. 모든 예배는 온라인으로 전송되는 찬양과 메시지를 통해 진행되었다. 줌zoom으로 모여 얼굴을 보고, 온라인으로 성찬을 하는 교회도 있었다. 예전 같으면 신학적 논의와 담론으로 실현되기 어려웠을 일들이 순식간에 현실로 들어와 버렸다. 과연 우리에게 어떤 일이 발생했던 것일까?

시대를 직시해야 한다. 만약 리더로서 과거로 돌아갈 시기만 조율하고 있다면 이보다 큰 착각과 실수는 없을 것이다. 변화는 선택이 아니다. 변화를 추구하되 어떤 기반 위에서 어떻게 변할 것인가가 중요하다. 과거처럼 큰 교회가 어디로 가고 있는지, 어떤 프로그램이 더 매력적인지를 따질 필요도 없다. 트렌드와 프로그램으로 사람들을 끌어모을 수 있는 시대가 끝났기 때문이다. 이제는 본질적인 차원에서 교회가 왜 존재하고 무엇을 하는 공동체인지를 다시 물어야 한다. 그래야 진정한 변화가 일어날 수 있다. 참된 변화는 본질을 훼손시키지 않는다. 오히려 본질로 돌아가기 위해 변화해야 한다. 그런 차원에서 볼 때 지금의 상황은 본질적 변화를 위해 최적화된 시간이다. 누구도 변화를 거부하지 않을 때 진짜 변해야 할 것이 무엇인지를 찾고 그것을 위해 사역적 전환을 시도해야 한다.

놀랍게도 우리는 이러한 위기 상황 속에서 본질적 사명에 헌신하는 교회들이 부각되고 있는 현상을 목격하고 있다. 어려움 속에서도 교회가 이 시대에 해야 할 일이 무엇인지를 묻고 찾으며 그 대열에 참여하고 있는 교회가 많다. 그들은 크고 유명한 교회가 아니다. 사회적 반향을 일으킬 영향력을 가진 교회들도 아니다. 동네에 있는 평범한 교회들이지만, 이웃을 돌아보고 지역을 돌보면서 교회가 어디로 가서 무엇을 해야 하는지를 알려 주는 지렛대 역할을 하고 있다.

앨런 허쉬Alan Hirsch는 그의 책 『잊혀진 교회의 길The Forgotten Ways』에서 교회의 근본적인 문제는 교회가 진정한 차원의 목적과 사명을 잃어버린 데 있다고 주장했다. 교회는 본질상 하나님의 선교 사역에 참여하기 위해 부르심을 입었기에 선교는 선택사항이 아니라 존재의 목적이며 사명이라는 것이다. 변화에 대한 새로운 통찰이 필요하다. 무언가를 지금보다 더 세련되게 하자는 말이 아니다. 세속 문화에 융합되어 힙hip한 교회가 되자는 것도 아니다. 세상을 사랑하시는 하나님의 손과 발이 되어 세상을 섬기고 복음을 전하는 사명을 회복해야 한다는 뜻이다. 하나님 나라의 가치가 우선순위가 되어 우리 공동체가 할 수 있는 작은 일들을 실천해 나갈 때, 교회는 변화하고 갱신할 수 있다. 그것이 미래를 준비하는 첫 관문이다.

영적 관점으로 본다면 지금은 하나님께서 세상을 뒤흔들고 있는 상황이 분명하다. 삶의 기반이 흔들릴 때 사람은 존재론적 성찰을 한다. 나는 교회와 리더들이 이 시간을 자기 성찰의 시간으로 맞이하기를 바란다. 생존을 넘어 다른 교회를 돌아보고 이웃을 돌아볼 수 있는 시간이 되었으면 좋겠다. 교회가 존재해야 할 목적과 사명이 무엇인지를 원점에서부터 재고하여 위기의 시기에 교회 공동체가 있음으로 세상이 희망을 볼 수 있기를 바란다. 그로 인해 교회의 목적이 바뀌고 체질이 새롭게 형성되는 기간이 되기를 바란다. 바로 지금이 위기를 넘어 새로운 미래로 나아가는 최적화된 기회임을 기억하자.

04

새로운 길은
움직일 때 열린다

새로운 길은
움직일 때 열린다

미래를 향한 항해는 언제나 불안하다. 더구나 아무도 가보지 않은 길을 개척해 갈 때는 더욱더 그러하다. 코로나19 사태가 전 세계적으로 확산하면서 나타난 현상은 움츠림이었다. 언제 이 사태가 끝날지, 언제 정상화될지 모르는 상황 속에서 교회는 마치 지뢰밭을 걷고 있는 양, 한 발 한 발 천천히 발을 떼는 양상이다. 그렇기에 이 기간을 잘 보내야 한다. 현실에 발이 묶이는 것이 아니라 사명에 초점을 맞추고 부르심을 위한 발걸음을 떼야 한다. 움직이지 않으면 길은 열리지 않는다. 이 과정 속에서 배운 몇 가지 아이디어를 공유해 보고자 한다.

공동체의 아픔에 참여하라

예수 그리스도의 성육신은 세상의 역사에 참여하는 것이었다. 놀랍게도 그리스도의 일차적 관심은 소외되고 약하고 억압받는 사람들에 있었다. 창조주요, 온 우주의 왕이셨지만 약한 자들과 죄인의 아픔에 참여하기 위해 이 땅에 오셨다. 어떤 핍박과 고난 속에서도 복음의 능력이 지속되었던 것은 바로 그리스도의 진정한 사랑을 경험한 사람들 때문이었다.

코로나19를 통해 세상이 고통받고 있다. 사랑하는 사람을 잃고, 병에 걸리고, 직장을 잃고, 관계가 깨어지고, 고독과 두려움에 빠지고, 거동이 불편해 누군가의 도움이 절실히 필요한 이웃이 많아졌다. 교회가 그들의 아픔을 알고 함께하는 일은 그리스도의 사랑을 표현하는 일차적 발걸음이다.

이웃을 향한 나눔을 실천하라

성육신적 사역은 낮아짐과 동시에 사랑을 나누는 행위로 드러난다. 예수 그리스도는 하나님의 사랑을 전하기 위해 자신의 모든 것을 나누어 주셨다. 이웃의 필요를 파악하고 그것을 채워주는 사역은 그리스도의 사랑을 전하는 방법이다. 사람들은 교회가 세상을 위해 존재하기를 기대한다. 그러므로 교회는 세상 안에서in the world, 세상과 함께with the world, 세상을 위해for the world 존재해야 한다. 성도들 역시 마찬가지다. 세상을 섬기고 나누는 사역을 통해 그들은 자신의 정체성을 세울 뿐 아니라 존재론적 가치를 발견한다. 우리는 코로나19 기간에 얼마나 많은 교회가 이웃의 필요를 위해 자신을 희생하고 섬기는 사역에 참여했는지 보았다. 그리고 그런 교회를 통해 자부심을 느꼈다. 이 기간은 세상을 향해 진정성을 보일 수 있는 최고의 시기이다. 세상을 위한 사랑의 섬김을 시작하라.

성도들의 자원을 활용하라

세상을 사랑하고 섬기는 사역이 교회 프로그램으로 머물러서는 안 된다. 성도들이 사역의 주체가 되어야 한다. 이를 위해서 교회는 선교적 교회의 기본 개념인 '보냄sending'을 실천하고 이를 지원하는 체제로 전환해야 한다. 성도들은 교회 안에 있을 때보다 교회 밖에서 훨씬 더 많은 네트워크와 자원을 활용할 수 있다. 또한 전문적인 직업과 기술을 가진 사람도 많다. 믿지 않는 사람들과 접촉하고 교제할 기회도 많다. 그들이 가는 곳이 선교지이고 교회가 되게 하라. 세상을 사랑하고 섬기는 주체가 되어 움직이고, 그러한 경험과 아이디어를 다시 교회로 가져와 더 정교하고 현실적인 사역 계획을 세울 수 있다면 교회는 훨씬 더 창의적이고 역동적인 공동체가 될 것이다.

가정과 소그룹 사역을 강화하라

코로나19는 비대면, 비접촉을 상징하는 '언택트untact' 문화를 만들었다. 이는 한 공간에서 스킨십을 나누며 친밀한 모임을 추구했던 교회 모임에 큰 도전이 되었다. 성인뿐 아니라 다음 세대가 직격탄을 맞았고, 어떻게 신앙을 유지하고 계승할 수 있을지가 고민이다. 해답은 가정이다. 결국 가정에서 예배가 살아나고 신앙이 이어져야만 한다. 교회도 마찬가지다. 우리는 이 시기를 통해, 교회가 생존하기 위해 소규모 모임의 필요성과 그들이 어떻게 유기적으로 연결될 수 있을까를 고민하게 됐다. 최근에 교회의 분산화decentralized church를 이야기하는 것은 바로 이 때문이다. 결국, 소그룹이 살아 움직여야 한다. 리더를 세우고, 훈련하고, 보내고, 사역을 감당하는 체질을 형성하라.

소셜미디어와 온라인 사역을 활성화하라

코로나19를 통해 교회는 온라인 사역에 대한 다양한 시도와 경험을 할 수 있었다. 온라인은 교회 사이즈를 떠나 누구에게나 열려 있으며 시간과 공간, 거리의 장벽을 넘어서 모임과 돌봄, 훈련과 양육을 할 수 있도록 돕는다. 연결connection이 목마른 시대에 온라인은 사람을 연결하고 접촉할 수 있는 가장 효과적인 방식 중 하나다. 홈페이지뿐 아니라 페이스북과 인스타그램, 카카오톡, 유튜브 등을 활용하라. 콘텐츠를 만들고 공유하라. 또한, 온라인 소그룹을 통해 성도들의 공동체를 만들고, 그 속에서 서로 격려하고 지지할 수 있도록 이끌라. 디지털 시대에 온라인 사역은 일시적 대안이 아니라 선교의 필수 영역임을 기억하고 지속적으로 개발할 수 있어야 한다.

미래 교회는 새로운 사고 전환을 요구한다. 급변하는 문명이 초래할 다양한 위기 상황 앞에 교회는 더 유연하고 선교적인 체질로 변화해야 한다. 사명이 이끌어 가며 세상과 소통할 수 있는 교회, 움츠림이 아닌 위기를 기회로 여기며 움직일 수 있는 교회가 될 때 새로운 길은 열릴 것이다.

전략적 변화로
겨울을 대비하라

전략적 변화로
겨울을 대비하라

코로나19 바이러스가 확산하기 시작하자 많은 글이 쏟아져 나왔다. 초창기 읽었던 글 중에 「빙하기Ice Age를 준비하라」는 짧은 아티클이 기억에 남는다. 이 글에서 저자는 코로나19는 이전과 전혀 다른 혹독하고 긴 시간을 갖게 될 거라고 예상했다. 당시만 해도 저자의 전망이 너무 비관적이지 않나 생각했다. 그러나 지금은 많은 사람이 장기전을 준비해야 한다고 말한다. 코로나19 바이러스가 가져올 세상은 이전과 전혀 다른 차원이 될 것이라는 예상과 함께 말이다.

그가 옳았다. 매서운 바람과 함께 몰아친 코로나19라는 폭설은 겨울을 알리는 전조前兆

에 불과했다. 삶의 방식과 구조를 송두리째 바꿔 놓을 거대한 문화 변화는 빠르고 광범위하게 퍼져가고 있다. 시간이 많지 않다. 따라서 교회는 긴 호흡으로 민첩하고 예민하게 반응하며 겨울을 준비해야 한다.

무엇보다 긴 겨울을 맞이하기 위해서는 과거의 습성을 버려야 한다. 봄, 여름, 가을을 보내면서 몸에 체득된 습관과 형태를 유지하고서는 겨울을 날 수 없다. 시대 변화를 보자. 모두가 인지하고 있듯이 코로나19는 기존의 모든 질서를 위협하며 바꿔 놓았다. 그런데 이 가운데서도 성공을 거둔 기업과 개인이 있다. 위기를 기회로 만든 이들의 공통점은 시대를 앞서 나가는 안목과 기술을 가지고 있었을 뿐만 아니라 변화된 상황에 적합한 생태계를 가지고 있었다. 후발 주자들 역시 마찬가지이다. 시대를 읽고 준비하는 기업과 조직은 한결같이 '비대면untact' 시대의 전략을 세우고 빠른 체제 변화를 시도했다. 물론 그 과정은 결코 쉽지 않다. 많은 대가와 희생이 따를 수도 있다. 그러나 분명한 점은 무엇인가? 변하지 않으면 죽을 수밖에 없기에 뼈를 깎는 고통이 있어도 그들은 더는 과거에 머물지 않을 것이다.

교회가 과거의 습성을 버린다는 것은 무엇을 뜻할까? 일차적으로 이것은 과거로부터 학습된 성공과 성취로부터의 결별을 의미하지만, 이 또한 충분하지 않다. 오히려 길을 만드는 개척자의 메타포metaphor가 더 어울린다. 이는 마치 이질적인 시대와 문화 속에서 복음을 들고 서 있는 고독한 전도자의 모습을 떠올리게 한다. 사방이 적으로 둘러싸여 있는 위험한 곳에서 언어와 문화를 배우고 생소한 사람들에게 복음을 전해야 하는 전도자의 모습을 상상해 보라. 결연한 의지와 헌신 없이 사역은 불가능하다.

물론 여기에도 전략적 접근은 필요하다. 몇 가지 실천 사항을 생각해 보자.

첫 번째는 위기에 대한 분석과 적응이다. 코로나19 바이러스가 처음 발생했을 때, 적지 않은 교회가 대응할 자원과 인력이 없다는 이유로 별다른 대책 없이 이 시기가 지나가기만 기다리는 자세를 취했다. 그러나 코로나19 이후에도 이어질 긴 겨울을 대비한다면 지금부터라도 적극적으로 준비해야 한다. 규모가 작기에 할 수 없다는 생각을 지워야 한다. 지금은 모빌리티mobility가 중요한 시대다. 이동성은 곧 운동성과 연결된다. 큰 조직은 더 많은 에너지와 정교함을 요구하기에 변화가 어렵다. 방향을 정하고 새로운 환경에 적응하려고 노력한다면 규모가 작을수록 더 빠르고 유연하게 대처할 수 있다. 문제는 규모가 아니라 상황을 이해하고 분별하는 능력이다. 시대를 직시해야 한다. 그러기 위해 더 많이 공부해야 한다. 시대를 분석하고 바른 방향으로 이끄는 사역은 리더의 기본 요소이다.

두 번째는 영적 능력을 키우고 일상의 리듬을 만드는 일이다. 긴 겨울을 나기 위해서는 무엇보다 건강해야 한다. 교회의 건강성은 영적 상태와 직결된다. 따라서 영적 능력을 키우는 일은 아무리 강조해도 지나치지 않다. 지금이야말로 생활 속 신앙을 회복할 때이다. 주일을 중심으로 이루어지는 신앙생활이 아니라 주 7일 자신이 있는 모든 곳에서 제자의 삶을 살아내는 성도가 세워져야 한다. 그러기 위해서는 영적 생활을 고취할 수 있는 일상의 리듬을 만들어야 한다. 교회는 성도들이 일상의 삶에서 영적 연결이 이루어질 수 있도록 사역을 디자인하고, 성도들은 온 오프on/off 모임으로 연결되어 지속적인 지원을 받는 구조가 형성된다면 훨씬 더 강력한 영적 공동체가 될 것이다.

세 번째는 선교적 사명의 실천이다. 많은 교회가 당장 눈앞에 있는 예배와 성도를 돌보는 일로 인해 선교적 사명에 집중할 여력을 잃어버렸다. 사회적 분위기 역시 교회가 복음 전파를 위해 움직일 수 있는 운신의 폭을 좁혀 놓았다. 그러나 창의적 사역은 위기에서 발생한다. 정답 사회에서는 창의력을 기를 수 없다. 이 시기는 정답이 없는 시대다. 모범 답안도 사라져버렸다. 그래서인지 사회를 섬기고 복음을 전하려고 하는 교회일수록 창의적이고 기발한 방식을 활용한다.

'언택트'가 사랑과 섬김을 가로막지 못한다. 세상이 고립되고 외로울수록 그들을 향한 진정성은 더 강한 향기가 되어 감동을 주고 변화를 일으킨다. 이 시대에 교회가 선교적 사명을 감당할 수 있는가? 당연히 그렇다. 만약 교회가 선교의 사명을 회복하고 서로 연대하여 세상을 섬기고 복음을 전하려 노력한다면 성령께서는 그분의 지혜와 능력으로 새로운 길을 여실 것이다. 결국, 그것이 우리를 이 땅에 보내신 목적이며 코로나19로 세상을 흔드신 하나님의 의도이기 때문이다.

우리는 고백한다. 이 위기조차도 하나님의 손 아래 있다는 사실을……. 그러므로 나아가자. 긴 겨울을 맞이하면서 움츠러진 어깨를 활짝 펴고 영적 무장과 사명 회복을 통해 복음으로 세상을 변화시키는 거룩한 꿈을 가지고 말이다.

선교적 체질 개선으로
위기를 돌파하라

선교적 체질 개선으로
위기를 돌파하라

미래를 예측하는 것만큼 확률적으로나 실제적으로나 위험한 일은 없지만 교회가 직면한 현실은 '코로나 블루' 만큼이나 우울해 보인다. 얼마 전 미국의 리서치 기관인 '바나 그룹'에서 발표한 내용을 보자. 이것은 코로나19로 인해 온라인 예배를 드려야 했던 기간 동안 실시했던 주일 예배 출석에 대한 조사였다. 코로나19 초기에는 예상보다 높은 예배 참여율과 적극적인 헌금 등으로 교회의 저력을 보는 듯했다. 그런데 이후 내용은 달랐다. 구체적인 내용을 보면 기존 성도들 가운데 자기 교회의 온라인 예배를 참여한다고 응답한 비율은 35%에 불과했다. 이에 반해 다른 교회에서 예배드리는 14%와 여러 교회를 바꿔가며 참여한다는 성도도 18%나 되었다. 그러나 더 충격적인 사실은 이 기간에 32%의 성도가 전혀 예배에 참여하지 않았다는 응답이었다. 물론 젊은 세대의 이탈률은 훨씬 높았다. 무려 50%의 밀레니얼 세대가 예배 참여를 중지했다. 불과 몇 달 만에 코로나19가 던져 준 충격은 가공할만한 수준이었다.

한국의 상황은 어떤가? 초기 한국은 미국이나 유럽 어느 국가보다 탁월하게 코로나19 사태에 대응해 왔지만, 교회가 직면한 현실은 결코 낙관적이지 않다. 주일 예배가 재개된 이후 회복률이 50~60%라는 결과가 보고되었고, 특히 30~40대 층이 대거 이탈했다는 소식도 들렸다. 코로나19가 종식되어도 20~30%의 성도와 헌금이 줄어들 거라는 예상은 미국과 큰 차이가 없다.

교회가 전성기를 지나고 최대 위기를 맞이한 것이 틀림없다. 사회학적 관점으로 본다면 원래 교회의 자리, 즉 주변부margin로 옮겨간 것이라 할 수 있지만, 작금의 현상은 초대교회 상황과는 비교할 수 없는 질적 차이를 보인다. 사실, 한국 교회는 그동안 축제를 즐겨 왔다. 여러 곳에서 이상 신호가 감지되었지만, 대세는 꺾이지 않는다는 신념으로 꿋꿋하게 현실을 외면해 왔다. 다행인 것은 코로나19로 인해 현실을 직면하게 되었다는 점이다. 앞만 보며 달려오느라 보지 못했던 내면의 진실을 보며 전면적 개혁을 해야 하는, 어쩌면 마지막 골든 타임이 주어진 것인지도 모른다.

그렇다면 이런 절박한 상황 속에서 생명력을 가진 교회들은 어떤 특징을 가질까? 위험과 혼란 속에서도 흔들리지 않고 도전의 길을 가는 교회들이 궁금했다. 감사하게도 필자는 코로나19 이후 다양한 네트워크에 속해 현실에 대한 고민과 대안을 찾는 여러 교회 리더들과 함께 호흡할 수 있었다. 매주 혹은 격주로 온라인 미팅과 세미나를 하며 시대적 현실과 마주해 왔다. 그곳에서 발견한 아주 단순한 사실이 있다. 위기에 강한 교회는 다가올 미래를 예측하고 평상시 교회의 체질과 구조를 변화시켜 왔던 신앙 공동체라는 점이다. 교회의 존재 이유가 하나님 나라를 향해 있으며 지역과 세계 선교를 위해 흩어질 준비를 하고 있었던 교회들 말이다.

그중 두 교회 사례를 소개하고자 한다. 먼저, 개척한 지 4~5년 정도에 성인 출석 성도가 50~60명 정도 되는 이 교회는 코로나19 이후 오히려 헌금이 늘고 온라인 출석 성도 수도 증가했다. 어떤 일이 있었던 것일까? 사실, 이 교회는 개척 초부터 선교적 교회를 표방하며 성도들을 강하게 훈련해 왔다. 평상시에도 지역사회 봉사와 전 성도가 참여하는 단기 선교를 주기적으로 실시했고, 여름이면 더 작은 교회를 섬기기 위해 몇 주씩 타 교회로 성도를 내보냈다. 이 교회 성도들에게 코로나19는 평소 세상을 섬기고 흩어지는 사역에 익숙했던 성도들의 믿음을 시험하고 단련하는 기회가 되었다.

두 번째 소개할 예는 중형교회로서 좋은 평판을 얻고 있었던 한 교회의 이야기이다. 이 교회는 소그룹 사역을 선교적 공동체로 전환하기 위한 노력을 수년간 해 왔다. 리더들의 의식 전환을 위해 학습 공동체를 만들고 다양한 세미나, 말씀 교육과 훈련을 통해 선교적 DNA를 불어넣었다. 처음에는 이런 변화를 추구하는 담임 목회자를 이해하는 성도가 많지 않았다. 지금도 충분히 좋은데 왜 다른 방향을 가려고 하냐는 불만을 표출했다. 그러나 시간이 지나면서 시대를 보는 눈이 열리고 본질에 대한 더 깊은 자각을 하게 되자 변화를 받아들이되 선도하는 교회가 되어야 한다는 사실에 리더와 성도들이 공감하게 되었다. 이때 코로나19 사태가 발생했다. 이 교회는 그 어떤 교회보다 빠르게 대응했다. 긴급회의를 통해 위기에 처한 성도들과 지역사회, 주변에 있는 약한 교회들을 돕기 위해 움직였다. 놀랍게도 지역사회를 돕는 일에 평상시보다 더 많은 헌금이 모였고 더 많은 성도가 참여했다. 선한 일을 하기 위해 모인 당회 역시, 단 몇 분 만에 결정을 내리는 일사불란함도 보여 주었다.

위기는 고통스럽다. 그렇지만 위기는 자아의 실상을 보여 주는 거울이 된다. 평온할 때는 모른다. 누가 건강하고 바른 사역을 하고 있는지. 그러나 위기가 닥치자 엔터테인먼트적 요소를 통해 소비주의적 성도를 만들고 그 크기와 규모를 즐겼던 교회는 어려움에 부닥칠 수밖에 없음이 드러났다. 진짜 교회가 되어야 한다. 하나님 나라를 위해 성도들을 준비시키고 세상을 위해 보냄을 실시하는 교회들이 마지막 사명을 감당할 것이다. 위기의 시대, 우리의 현실을 진단하고 본질에 뿌리를 내리며 미래를 향해 도전하는 교회가 되기를 소원해 본다.

위기가
건강한 생태계를 만든다

위기가
건강한 생태계를 만든다

CHAPTER · 07

옐로스톤 국립공원Yellowstone National Park은 미국 최대 세계 최초의 국립공원이다. 면적 만 8,983 평방 km에 이르고 1만 ft가 넘는 산봉우리가 45개나 된다. 가히 그 크기와 산세가 놀라울 정도이다. 그곳에는 드넓은 초원과 함께 다양한 식물과 야생 동물들이 서식하고 있다. 자연스러운 생태계가 어우러져 보는 이들에게 경이로움을 불러일으킨다.

그러나 그곳에도 위기가 찾아왔다. 인간의 손길이 미치면서 생태계가 파괴되기 시작했다. 무엇보다 1900년대 초 공원 내 포악한 육식 동물이었던 늑대를 제거한 것이 화근이었다. 포식자가 사라지자 먹이 사슬Trophic cascade이 무너졌고, 사슴과 같은 초식 동물들이 기하급수적으로 늘기 시작했다. 개체 수를 조절하려는 인간의 노력에도 불구하고 그들은 식물을 닥치는 대로 먹어 버려 남는 게 없을 정도였다. 생태계에 심각한 상황이 발생했다.

70년이 지난 1995년 공원은 늑대를 다시 방사하기로 결정했다. 그러자 옐로스톤의 생태계는 회복의 변화가 생겼다. 어떻게 그런 일이 일어났을까? 원인이 늑대에 있었기 때문이다. 공원 측에서 늑대를 방사하자 사슴들이 안전을 위해 일부 계곡과 협곡을 피했고, 그곳에 다시 식물과 나무가 자랐다. 황폐했던 계곡 옆에 숲이 생기자 새들이 찾아왔고 다양한 동식물이 풍성해졌다. 육지뿐만 아니라 강의 모습도 달라졌다. 나무가 자라니 침식이 줄어들고 수로가 좁아지고 웅덩이가 생기며 급류 구간이 늘었다. 이렇게 옐로스톤은 야생 동물의 서식지로 알맞게 변화되었다. 동물의 학살자였던 늑대가 생태계를 살린 것이다.

교회의 역사를 보라. 아이러니컬하게도 그리스도의 복음은 위기 상황에서 더욱 폭발적으로 확장했다. 엄청난 부흥을 경험하고 있었던 예루살렘 교회를 생각해 보자. 하나님은 핍박을 통해 성도들을 흩으셨다. 그 흩어진 성도들이 가는 곳마다 교회를 세움으로 복음이 예루살렘과 유다와 사마리아를 넘어 소아시아와 유럽으로 확장되었다.

이러한 패턴은 교회 역사 속에서도 계속 반복되었다. 한국 교회의 성장은 핍박 속에서 이루어졌다. 중국 교회 역시 마찬가지였다. 1950년 중국에서는 '그리스도인 선언Christian Manifesto'이 발표되었다. 중국 정부는 외국 세력의 영향을 받지 않는 자치 교회를 만들겠다는 명목 아래 삼자 교회를 거부하는 목회자와 사역자를 투옥했다. 이때 모든 외국 선교사와 목사들은 본국으로 추방되었다. 엄청난 수의 사람이 살해되었고 끔찍한 고문과 핍박이 이어졌다. 정부가 공인한 종교 단체 외에는 모두가 사멸될 수밖에 없는 위기 상황이 발생했다. 당연히 교회의 모든 집회는 불가능 했다.

1960년대와 1970년대에 이어진 문화 혁명은 그나마 남아있던 지식인들과 정치인들, 종교 지도자들까지 씨를 말리려 했다. 종교는 아편이라는 규정 아래 종교 건물은 모조리 파괴되었다. 성경과 십자가 역시 모두 몰수되어 잿더미가 되었고, 발각된 그리스도인들은 말할 수 없는 핍박을 받았다. 그렇게 30여 년이 지났다.

1980년대가 되자 중국은 아주 조심스럽게 닫힌 문을 열었다. 당연히 30년간의 철통같은 핍박 속에서 믿음의 불꽃이 살아 있으리라는 기대를 한 사람은 아무도 없었다. 그러나 믿을 수 없는 일이 발생했다. 교회와 성도가 전멸했을 것이라는 예상과 달리 그곳에는 600만 명에 이르는 그리스도인이 남아 있었다. 1949년 당시 중국 그리스도인 수가 430만 명이었다는 것을 고려하면 교회는 핍박의 한 가운데서도 굴하지 않고 지속적인 성장을 이루었다. 로잔운동Lausanne Movement의 분석에 따르면 오늘날 중국의 기독교는 최소 1억에서 1억 2천 명 정도까지 성장했다. 앨런 허쉬는 이 같은 현상을 보며 그의 책 『잊혀진 교회의 길』에서 다음과 같이 물었다. "성경을 가진 자가 매우 드물고 전문 성직자도 없고 공적인 지도 시스템도 없으며 중앙 조직도 없고 대형 집회도 없는데도 거의 미친 듯이 숫자가 증가한다. 어떻게 이런 일이 가능한가?"

선교의 역사는 복음이 위기를 통해 확장된다는 사실을 보여 준다. 그렇다. 역사 속에서 맞이하게 되는 위기는 교회를 전멸시킬 위험 요소가 아니다. 우리는 그 속에서 여전히 일하시는 하나님의 손길을 느끼고 교회의 본질을 새롭게 하며 선교 사명에 참여할 기회를 만난다. 그것이 하나님의 방식이다.

코로나19 바이러스로 인해 전 세계의 교회가 움츠러들었다. 사방이 막혀 보인다. 여러 지표와 세상의 시선, 성도의 반응이 예사

롭지 않다. 그러나 참된 지도자라면 역사적 안목을 통해 시대를 분별하고 미래를 준비해야 한다. 가만히 있어서는 안 된다.

닐 콜Neil Cole은 『파도를 타는 교회Rising Tides』에서 위기 앞에 직면한 교회를 향해 이렇게 말했다. "거대한 파도가 자신의 몸을 통제할 수 없을 만큼 강하게 몰려왔을 때 닻에 몸을 묶고 머무는 행위는 탈출로 이끌지 못한다. 파도를 타고 전진해 나가야 한다." 지금 우리에게는 위기를 불러일으켜 혁신적 변화를 이끄시는 하나님의 손길을 붙잡고 두려움 없이 도전하는 야성이 필요하다. 하나님이 선봉장이 되시기에 위기의 흐름을 타고 모험으로 나아가는 선교적 백성이 되는 한국 교회가 되기를 간절히 바란다.

비대면 시대,
온라인 사역의 흐름을 형성하라

비대면 시대,
온라인 사역의 흐름을 형성하라

코로나19가 교회 공동체에 가져다준 가장 큰 고통 중 하나는 사역의 일관성을 가질 수 없다는 점이다. 특히, 코로나19 상황에 따라 교회에 모일 수 있는 인원수가 제한되면서 사역의 역동성 또한 급격히 감소했다. 새로운 돌파구가 필요했다.

미래 교회는 초점을 어디에 맞춰야 할까? 분명한 점은 비대면 온라인 사역에 대한 필요성과 실천적 방안에 대한 요구가 더 높아진다는 사실이다. 미래를 위해 교회는 온라인 사역을 본격적으로 받아들이고 활용해야 한다. 이에 대한 몇 가지 원리를 생각해 보자.

첫 번째, 온라인 사역의 필요성과 중요성을

깊이 인식해야 한다. 지속적인 비대면 환경은 사역 생태계의 지각 변동을 일으켰다. 무엇보다 코로나19 바이러스로 인해 어쩔 수 없이 선택했던 온라인 예배가 교회에 대한 인식과 신앙 형태를 급격히 변화시켰다.

얼마 전 한국기독교사회문제연구원 조사에 따르면 온라인 예배의 만족도가 '현장 예배와 비슷하거나31.7% 더 높았다15.5%'는 대답이 46.7%에 달했다. 또한 '온라인 예배 또는 가정 예배로도 주일 성수를 할 수 있다'라는 응답은 61.6%까지 나왔다. 물론 73.4%의 성도들은 코로나19 종식 이후 '예전처럼 교회에 출석해서 예배를 드릴 것 같다'고 응답했지만, 나머지 27%의 성도들은 그 외의 대답을 했다. 본질을 지키되 시대에 맞는 유연성을 강화해야 할 시점에 다다른 것이다. 이러한 관점에서 미래 교회는 온라인과 오프라인 사역을 병행하되 온라인을 지금보다 훨씬 더 적극적으로 활용해야 한다.

캐나다에서 혁신적인 사역을 이끄는 코넥서스 교회Connexus Church의 설립자 케리 니우호프Carey Nieuwhof는 성장하는 교회일수록 소셜 미디어와 콘텐츠 제작, 온라인 연결을 위해 기존 스텝들을 재배치하게 될 것이며, 직원 예산의 절반 이상을 온라인 사역에 지출할 거라고 예상했다. 이는 사역의 반경이 단순한 예배 중계를 넘어 소셜 미디어와 유튜브, 온라인 소그룹과 커뮤니티까지 확장됨을 의미한다. 이 시대에 가장 많은 사람이 모여 있는 온라인이라는 영역을 선교지로 보고 더 많은 인력과 노력을 기울여 복음을 전하는 교회가 성장할 것이라는 예상이다.

두 번째, 다양한 온라인 콘텐츠 개발을 통해 성도들을 훈련하고 양육하는 방안을 확립해야 한다. 많은 교회가 온라인 콘텐츠를 설교 중심의 교회 홍보 수단 정도로 생각하곤 한다. 또 다른 경우 SNS나 유튜브를 활용해 광고나 메시지를 전하는 채널로 활용하기도 한다. 그러나 온라인 콘텐츠의 참된 활용은 성도들의 신앙 성장과 성숙을 돕는 수단이 될 때 극대화한다.

코로나19는 온라인 교육을 일상의 삶으로 끌어들였다. 비대면으로 수업을 듣고 학업을 진행하는 모습이 자연스러워졌다. 돌이켜 보면 앞서가는 미국 교회들은 이미 수년 전부터 오프라인에서 이루어졌던 사역을 온라인 콘텐츠화하고 이를 통해 훈련과 양육을 해 왔다. 몇 년 전만 해도 이러한 사역이 필요할까 하는 생각이 들기도 했었다. 그러나 이제는 오프라인에서 실시했던 사역을 온라인으로 옮기고 최적화시켜 성도들을 섬세하게 돌보고 훈련하고 양육하는 일이 필수 분야가 되었다.

교회의 핵심 사역이 온라인에서도 이루어질 수 있도록 사역을 재편하고 적극적으로 활용하라. 언제 어디서든 영적 콘텐츠에 연결이 될 수 있도록, 또한 양육과 훈련이 이루어질 수 있는 환경을 만들라. 그것이 찾아가는 사역의 첫걸음이 된다.

세 번째, 온라인 공동체에 대한 가능성과 상상력을 현실화해야 한다. 온라인 사역이 활발한 교회일수록 온라인 소그룹과 커뮤니티가 발전되어 있는 모습을 본다. 그곳에서 그들은 오프라인과 똑같이 삶을 나누고 말씀을 공부하며 기도와 영적 성장을 도모한다. 이들이 오프라인 모임으로 이어지기도 하고 함께 봉사와 섬김을 실시하기도 한다. 사실상 온라인 사역의 성공은 얼마나 많은 사람이 예배 클릭을 넘어 온라인 소그룹에 가입하고 활동하고 있는가와 직결된다. 소그룹을 통해 성도들이 공동체를 경험하고 영적 성장을 이루며 리더가 되는 것처럼, 온라인 소그룹 역시 그곳에서 신앙 성장을 하고 리더가 되고 재생산이 이루어지는 과정을 재현할 수 있다.

현대인들은 공동체에 목마르다. 사랑과 진리가 있고 돌봄과 진정성이 있는 공동체가 세워질 수 있다면 온라인상에서 영적 운동이 일어나는 것 또한 가능하다. 문제는 그러한 영성과 생명력을 온라인에 어떻게 불어넣을 것인가에 있다. 교회는 이것을 고민하고 현실화할 수 있도록 다양한 시도와 도전을 해야 한다.

교회의 미래를 생각한다면 변화된 상황과 지형을 읽는 것이 중요하다. 그런 맥락에서 온라인 사역은 선택이 아니다. 가장 시급하고 중요한 선교지임을 기억하고 각 교회에 맞는 사역을 세워나갈 수 있기를 바란다.

온라인 사역의 방향과 내용

온라인 사역의 방향과 내용

코로나19 이후 교회의 온라인 사역은 필수 영역이 되었다. 물리적인 공간에 함께 모여 예배할 수 없는 상황 속에서 온라인 기술은 교회 공동체의 존속을 가능케 해 주는 일종의 생명줄과 같았다. 그렇게 온라인 사역은 교회의 한 부분을 차지하게 됐다. 그렇지만 아쉬운 점은 온라인 사역에 대한 청사진을 가진 교회가 많지 않다는 현실이다. 대부분의 교회가 온라인 사역을 현장 예배를 중계하는 정도로 이해했기 때문이다.

필자는 앞선 책 『온라인 사역혁명Re_Connect』을 통해 우리보다 앞서 온라인 교회를 시작하여 이미 열매를 거두고 있는 북미 교회들을 연구했다. 가장 인상적인 부분은 탁월하게 온라인 교회 사역을 하는 교회들은 철학과 방향이 분명하다는 점이었다. 그들은 한결같이 온라인을 선교의 새로운 영역new territories of mission 으로 인식하고 창의적 상상력을 통해 사역을 진행하고 있었다. 그곳에서 배운 몇 가지를 나누고자 한다.

첫째, 온라인 사역은 어디에서부터 시작해야 할까? 언뜻 생각하면 컴퓨터, 영상, 촬영, 플랫폼 같은 단어들이 먼저 떠오를 수 있다. 그러나 온라인 사역은 기술의 문제가 아니라 바로 비전에서부터 시작된다. 온라인을 선교지로 여기고 그곳에 복음을 어떻게 전할 것인가를 고민할 때 사역은 장기적 안목에서 새로운 도전을 할 수 있다.

둘째, 온라인 사역의 영역과 내용은 무엇인가? 온라인 사역을 통해 감당해야 할 다음의 세 가지 항목을 적용해 보자.

온라인 아웃리치outreach

온라인은 복음 전파를 위한 새로운 가능성이며 이 시대를 위한 가장 효과적인 도구이다. 코로나19 바이러스가 발생했을 때 사람들이 가장 많이 찾았던 단어 중 하나가 '기도'였다. 구글에 따르면 미국에서는 코로나19가 발생한 첫 한 달 동안 '기도'라는 단어를 검색한 수가 이전 달에 비해 50% 이상 증가했는데, 이는 미국뿐만 아니라 세계 95개 국가에서 나타난 글로벌 현상이었다.

이와 맞물려 미국의 경우 '빌리그래함전도협회Billy Graham Evangelistic Association'나 '글로벌미디어아웃리치Global Media Outreach', '씨알유Cru'의 홈페이지에는 엄청난 인파가 몰려들었고 그들 중 그곳에서 제시되는 복음의 메시지를 통해 구원받은 사람들도 있었다. 그중 "나는 종교적인 사람은 아니지만, 하나님 외에는 누구를 의지해야 할지 모르겠다"라고 고백하며, 그리스도를 따르는 사람도 있었다. 사회적 위기가 오면 사람들은 두려움을 느끼고 피난처를 원한다. 온라인을 통해 교회를 홍보하고 복음을 전하는 일에 더 많은 사람이 관심을 갖도록 해야 한다. 보다 신선하고 재미있고 진실한 방식으로 복음을 전하기 위해 온라인을 더욱 전략적으로 활용할 수 있어야 한다.

온라인 양육과 훈련

온라인 교육은 개인적 양육과 훈련을 위해 더없이 좋은 도구이다. 주일이나 특정 요일을 중심으로 이루어졌던 모임도 성도의 상황과 사정에 따른 맞춤형으로 진행할 수 있게 되었다. 언제 어디서나 연결될 수 있고, 규모 또한 개인적 차원에서 소그룹 형태에 이르기까지 다양하게 이루어질 수 있다.

온라인을 통해 양육과 훈련을 하기 원한다면 장기적인 계획을 세우고 이를 뒷받침할 수 있는 구체적인 커리큘럼을 제공해야 한다. 교회의 소명과 사명을 이루기 위해 온라인 커리큘럼을 만들고 각자 상황에 맞는 훈련을 진행해야 한다.

온라인 공동체 형성

온라인은 특성상 쉽게 접근할 수 있지만, 깊이 소속되기가 어렵다는 단점도 있다. 참된 그리스도의 제자로 성장하기 위해서는 공동체가 필요하다. 인간 내면의 가장 깊은 곳에는 누구나 소속에 대한 갈망이 있다. 동시에 소속은 성도로 하여금 책임감 있는 행동과 성장을 하게 하는 원동력이 된다. 건강한 소그룹 사역을 통해 성장하고 있는 교회들을 보면 그 안에서 교회의 모든 역동성이 발생하는 것을 알 수 있다. 예배와 섬김, 교제와 양육이 서로의 관계를 통해 이루어진다. 온라인상에서도 그런 공동체가 형성될 수 있음을 기억해야 한다.

　미국에서는 많은 교회가 페이스북이나 앱, 홈페이지를 활용해 온라인 공동체를 운영한다. 온라인에서 믿음을 갖게 된 성도들 혹은 관심을 보인 사람들이 온라인 공동체로 모이고 이들이 그 모임을 다시 지역별로 소그룹이나 교회로 발전하는 모습을 그릴 수 있다. 이를 위해 교회는 온라인 성도들이 지역과 관심사, 연령, 성별, 사역별로 소그룹을 선택하고 참여할 수 있는 시스템을 구축해 놓으면 좋다. 온라인에 있는 성도들이 자발적으로 선택할 수 있는 옵션을 제공한다면 온라인 공동체는 훨씬 더 유기적이고 활동적으로 움직일 수 있다.

온라인 사역 원리

온라인 사역 원리

필자는 챕터 9에서 온라인 사역의 영역과 내용에 대해 나누었다. 그것은 단지 현장 예배의 송출 차원이 아닌 선교적 접근을 해야 한다는 점도 강조했다. 그러한 맥락에서 '온라인 아웃리치', '온라인 양육과 훈련', '온라인 공동체 형성'이라는 세 가지 주제를 다루었다. 이번 챕터에서는 온라인 사역의 원리에 대해 고찰해 보고자 한다.

온라인 사역이 다른 교회와 차별성을 갖고 자신만의 콘텐츠를 만들기 위해서 필요한 것은 반드시 교회 비전과 연결되어 있어야 한다. 교회가 가장 중요하게 여기는 사명을 이루기 위해서 온라인을 어떻게 사용할 것인가를 생각한다면, 다양한 측면에서 기능과 역할을 할 수 있음을 알게 될 것이다. 이를 위한 몇 가지 핵심 사항을 짚어보자.

첫 번째, 온라인 사역의 시작은 자기 자신이나 교회 공동체가 가지고 있는 자원을 기반으로 해야 한다. 교회는 저마다 독특한 특징과 강점이 있다. 사역을 하면서 쌓아온 노하우와 자산이 있다. 그것은 비전을 이루어 가기 위한 노력의 산물이며 교회 정체성을 명확하게 드러낼 수 있는 자산일 확률이 높다. 교회가 가장 잘해 왔던 사역, 큰 힘과 노력을 기울였던 사역, 가장 가치 있고 중요하다고 여기는 사역을 통해 사역을 시작하라. 그것이 사역을 지속하고 열매로 이어지게 하는 기반이 될 것이다.

두 번째, 온라인 사역의 대상을 명확히 할 필요가 있다. 한때 미국 교회의 성장을 이끌었던 윌로우크릭 교회Willow Creek Community Church나 새들백 교회Saddleback Church는 그들의 사역 대상을 이미지화하고 그들에 맞는 사역 형태를 구축했던 것으로 유명했다. 온라인 사역의 개척자들 역시 복음 전도를 위한 방편으로 온라인 사역을 시작했다. 비전은 교회의 존재 이유를 규정하고 사역의 방식과 방법을 결정한다. 교회의 본질인 선교적 사명을 품고 실행하고자 하는 열정이 있다면 온라인을 통해 우리는 누구에게 다가가고 어떻게 복음을 전할지를 고민하게 된다. 우리 교회가 부름을 받은 대상은 누구인가? 누구의 이웃이 되어야 하는가? 어떤 사람들을 품고 더 깊이 다가가야 하는지를 고민하고 시작하라.

세 번째, 복음을 전할 일차 대상이 정해졌다면 그들에게 맞는 환경과 문화를 조성하는 일이 이어져야 한다. 어떤 교회는 글로벌한 차원에서, 어떤 교회는 특정 세대를 대상으로, 어떤 교회는 주변의 이웃들을 위한 교회로 사역을 한다. 그 대상에 따라 방식이 달라질 수밖에 없다. 성육신의 원리가 여기서도 적용된다. 그리스도께서 복음을 전하기 위해 이 땅에 오신 것처럼 메시지의 전달 방식을 대상에 맞게 사용하는 지혜가 필요하다. 어떤 플랫폼을 사용할지, 어떤 채널을 활용할지, 어떤 수단을 통해 메시지를 전달할지 대상의 문화와 필요에 따라 유연성을 가져야 한다. 그리고 그 유연성은 온라인이라는 공간과 사용하는 매체의 특성에 맞게 활용되어야 한다. 복음의 본질을 지키되 사람들이 관심을 가지고 참여할 수 있는 방식을 찾는 노력이 필요하다.

네 번째, 온라인 사역이 가지는 가능성과 확장성을 바라볼 수 있어야 한다. 인기 있는 유튜버와 수많은 팔로워를 가진 인플루언서가 즐비한 곳에서 교회의 사역은 작고 초라해 보일 수 있다. 그러나 온라인은 우리가 생각하는 것보다 훨씬 더 크고 많은 사람이 존재한다. 복음이 필요한 사람들뿐만 아니라 가능성 역시 차고 넘친다. 한 사람의 영향력이 수천, 수만의 사람을 설득하고 이끄는 시대에 교회가 이 사역을 진정성 있게 참여할 수 있다면 우리의 교회는 훨씬 더 넓고 깊게 확장할 수 있을 것이다. 그 일을 위해 함께 꿈을 꾸며 나아가는 교회가 되길 바란다.

창의적 사역은
성육신적 삶을 통해 시작된다

창의적 사역은
성육신적 삶을 통해 시작된다

교회의 미래를 준비하면서 가장 도전적인 부분은 무엇일까? 헬무트 틸리케Helmut Thielicke는 "복음은 끊임없이 매번 새로 바뀐 주소를 확인해야 한다. 수신자들이 거듭 거듭 주소지를 변경하기 때문이다"라고 말하며 변화하는 시대에 교회의 대응에 대한 과제를 던져 주었다. 변화라는 당위성과 본질이라는 긴장 사이에 있는 교회, 두려움 없는 변혁을 추구하면서도 본질을 지킬 수 있는 원리와 방법을 찾아야 한다.

성경은 그 원리를 예수님의 성육신으로 드러낸다. 세상의 구원을 위해 보냄 받은 예수 그리스도는 철저하게 세상과 동화되셨다. 영광스러운 영적 모습이 아니라 100% 완벽한 인간으로 오셔서, 모든 삶의 과정을 통과하셨다. 하나님께서 인간의 몸을 입고 이 땅에 오신 '성육신incarnation'이야 말로 선교의 핵심 원리다.

이 시대에도 마찬가지다. 성육신적 삶을 살지 않는 곳에 참된 복음 전파란 있을 수 없다. 선교사는 복음이 필요한 곳에 거하면서 삶을 나누며 그리스도의 사랑을 전하는 통로의 역할을 한다. 그것이 예수님의 방식이었고 성령을 받은 성도들이 행해 왔던 사역이었다.

필자는 이 시대의 창의적 사역이 성육신적 삶과 밀접한 연관이 있다고 믿는다. 좀 더 엄격하게 말하면 성육신적 삶을 살지 않으면 창의적 사역은 불가능하다. 왜냐하면 복음은 잘 고안된 프로그램과 시스템을 통해 전달되는 것이 아니기 때문이다. 복음은 삶을 나누는 공간이 필요하고, 접촉과 관계를 통해 전파된다. 이전과 같이 교회의 건물이라는 특정 공간으로 사람을 불러오는 방식attractional model이 아니라 그들이 있는 곳에 찾아가 복음을 전하는 선교적 모델missional-sending model을 통해 복음은 전파되고 제자가 형성된다.

필자는 최근 홍대와 김포에서 교회를 개척하고 활발한 사역을 하는 '움직이는교회' 김상인 목사와 대담을 나누며 큰 은혜를 받았다. 복음의 불모지와 같은 홍대에서 불타는 가슴을 가지고 개척했지만 처음 6개월간은 좌절의 시간이었다고 한다. 대형 교회에서 성공적인 사역을 해 왔고 나름 전략도 가지고 있었지만, 현실은 냉혹했다. 기존 교회에서 사용했던 방식이 전혀 통하지 않았다. 당혹스러운 시기였다. 하지만, 가장 큰 배움을 깨달은 것도 그 시점이었다고 한다. 자신의 것을 내려놓자 사역에 전환점이 발생한 것이다. 그들을 배우기 위해 현장을 찾아가 그들의 이야기를 들으면서 사역이 형성되었다. 가장 중요한 것은 함께하는 것이었다. 그곳에 머물면서 그들이 필요로 하는 것이 무엇인지, 왜 아파하고 고통스러워하는지를 알아 가자 접촉점이 생겼다. 가장 배가 고프고 외로운 새벽 시간에 찾아가 이야기를 듣고 품고 안아 주었을 때 눈물을 흘리고 복음을 받아들이는 기적이 일어났다.

현장의 소리에 귀 기울이게 되면 그들의 방식으로 접촉하는 방법을 배울 수 있다. 연결되고 마음을 나누며 사랑을 전하는 기회가 다가온다. 복음은 바로 그 지점에서 복음이 된다.

창의적 사역을 하기 원한다면 먼저 익숙한 방식을 내려놓을 준비를 하라. 누군가 세워 놓은 성공적인 방식과 전략들을 과감하게 버릴 용기를 가져야 한다. 그리고 원점에서부터 다시 시작해야 한다. 복음을 전해야 할 대상을 찾고, 그들로부터 배우고 관계를 형성하는 과정으로 나아가라. 창의적 사역은 바로 그 지점에서부터 발생한다. 그것이 바로 예수께서 성육신을 통해 가르쳐 주신 최고의 선교 방법이라는 것을 기억하길 바란다.

사명에 뿌리를 내리는
교회가 되라

사명에 뿌리를 내리는
교회가 되라

교회의 출발은 교회 공동체에 주어진 사명으로부터 시작된다. 그런 관점에서 볼 때 오늘날 교회의 문제는 부끄럽게도 교회가 사명을 잃어버렸다는 사실로 귀결된다. 만약 교회가 예수 그리스도께서 위임하셨던 사명을 붙잡고 모든 성도의 가슴 속에 '선교적 DNA'가 심어진다면 어떤 일이 발생할까? 성도들 각자가 삶의 현장을 선교지로 인식하고, 보냄 받은 선교사로서 그곳을 변화시키기 위해 살아간다면 어떤 일이 발생할까? 분명한 사실은 세상의 회복을 위해 교회는 끊임없이 자신을 희생하고 세상을 살리기 위해 섬김과 사랑의 손길을 지속적으로 베푸는 공동체가 될 것이라는 점이다.

교회가 다시 회복되고 싶다면 먼저 잃어버린 선교적 사명을 회복해야 한다. 더 크고 화려한 외적 성장을 추구하는 것이 아니라 복음으로 세상을 변화시키기 위한 사명에 붙잡힌 교회, 하나님의 선교에 응답하기 위해 자신에게 부여된 공동체적 사명을 식별하고 성도 개개인을 선교적 존재로 변화시키기 위해 노력하는 교회가 되어야 한다.

필자는 코로나19 기간 동안 팬데믹pandemic으로 교회 모임이 전혀 불가능한 상황에서도 역동적으로 움직이며 사역하는 교회들을 주목해 보았다. 그들은 하나의 획일적 모습을 탈피하고 다양한 모습으로 주어진 은사와 자원을 활용해 이웃을 섬기며 위기에 처해 있는 사람들을 돕고 복음을 전하려는 생명력이 있었다. 자신의 존재론적 소명을 붙잡은 교회가 위기에 강한 교회임을 발견할 수 있었다.

선교학자 윌버트 쉥크Wilbert R. Shenk는 이와 같은 흐름을 '내적 선교 의식inner mission consciousness'이 '외적 선교 의식outer mission consciousness'으로 이어지는 현상이라고 보았다. 내적 선교 의식은 하나님과의 친밀감을 통해 형성된다. 하나님과의 관계가 깊어질수록 교회 공동체는 하나님 안에 불타오르는 선교적 열정을 공유하게 된다. 우리는 하나님과 깊은 만남을 통해서 그분의 뜻을 발견하고 그분의 부르심을 확인하게 된다. 동시에 세상 속에서 선교적 존재로 살아갈 수 있는 힘과 에너지를 얻는다. 건강한 선교적 교회일수록 더 깊은 예배, 더 깊은 훈련, 더 깊은 공동체가 형성되는 이유가 바로 여기에 있다.

내적 선교 의식이 강화되었을 때 비로소 교회는 세상 속에 침투해 세상을 변화시키는 '외적 사역outward ministry'으로 나아갈 수 있다. 성도 개개인이 복음 전도자요, 선교사로서 사역의 주체가 되고, 성도들의 연합체인 교회 공동체는 자신에게 주어진 자원과 부르심, 은사에 맞게 지역사회를 섬기고 세계 선교를 위해 헌신하는 창조적이며 역동적 사역이 발생하게 되는 것이다행 1:8.

바로 여기에 지도자의 역할과 사명이 있다. 즉, 성도들과 공동체속에 선교적 DNA를 심어주고 그들이 선교적 상상력을 발휘할 수있는 문화와 사역 생태계를 조성해 주어야 한다. 그리고 그러한 리더는 생명력 있는 교회를 꿈꿀 뿐만 아니라 자신을 던져 선교적모험에 뛰어드는 용기를 가진 자이다. 성육신을 통해 최초의 선교사로 이 땅에 오셨던 예수 그리스도처럼 부르심에 대한 순종을 통해 기꺼이 모험에 동참하는 지도자가 되라. 과거에 머물려는 타성을 극복하고 예수 그리스도처럼 삶을 통해 제자를 만들고 그들을 세상으로 보내는 용기를 품으라. 그것이 바로 선교적 리더에게 할당된 몫이다.

선교적 상상력을 통해 미래를 보는 안목을 회복하라. 교회의 사명을 회복하고, 복음으로 세상을 섬기며, 하나님의 나라가 역동적으로 확장되는 꿈을 꾸라. 어려울수록 더 본질에 집중하며 사명에 깊이 뿌리를 내리는 건강한 교회가 될 수 있기를 기대해 본다.

불확실성을 넘어서는
안티프래질 교회 Antifragile Church 가 되라

불확실성을 넘어서는
안티프래질 교회Antifragile Church가 되라

뉴노멀New Normal 시대, 지금은 그 어느 때 보다 회복력과 탄력성이 절실히 요구되는 시기다. 무엇보다 파괴적 혁신과 변화가 전방위적으로 몰아닥치고 있는 시점에서 교회는 시대에 대한 적응을 넘어 더 능동적이고 창의적인 대응을 통해 새로운 길을 만들어 가야한다. 그렇다면 우리는 어떻게 그러한 교회가될 수 있을까?

감사한 점은 교회는 본질상 강력한 적응력과 회복력을 소유하고 있다는 사실이다. 나심탈레브Nassim Nicholas Taleb의 용어를 빌리면교회는 원래 '안티프래질antifragile'의 특성을 지니고 있다. 그 의미를 좀 더 살펴보자. 안티프래질은 충격이 오면 깨지기 쉬운 상태를 말하는 '프래질fragile'의 반대어이다. 그러나 이 단어는 충격이 오면 그것을 받아들이고 흡수해 현 상태를 유지하거나 원상태로 돌아오는 것 이상의 의미가 있다. 오히려 충격을 받으면 그전보다 더 좋아지는 상태를 뜻한다.

교회 역사를 보자. 교회는 원래 핍박 속에서 탄생했고 고난 속에서 확장되었다. 놀랍게도 핍박을 가하면 가할수록 교회는 더욱 건강해졌고 빠르게 성장했다. 새로운 환경에 적응하는 차원을 넘어 위협과 고난 속에서 오히려 강인한 생명력을 드러낸 교회야말로 '안티프래질'의 대명사이다.

이 시대도 마찬가지다. 코로나19는 교회의 상태를 적나라하게 보여 주었다. 그중에는 코로나19 상황에 적응하지 못하고 사멸하는 교회, 뛰어난 적응력을 가지고 빠르게 구조를 바꾸고 사역을 변화시켜 충격을 흡수하고 적응하는 교회, 마지막으로는 이전보다 더 활기차고 에너지가 넘치는 교회가 있다.

언뜻 보기에는 작고 연약한 교회들이 가장 큰 위험에 처할 거라는 생각을 가지기 쉽다. 실제로 교회의 현실을 보면 작은 교회 가운데 코로나19 팬데믹으로 인해 임대료를 낼 수 없어 문을 닫는 곳이 많았다. 그러나 좀 더 면밀히 들여다보면 단지 작기 때문에 어려워진 게 아니다. 이전부터 늙고 쇠퇴해 가고 있었기에 충격이 오자 쓰러지고 만 것이다.

이 반대의 경우도 있다. 최근 필자는 미국 남가주 지역에 위치한 한인 교회를 대상으로 한 조사를 통해, 생각보다 많은 교회가 이 기간을 잘 버티고 유지해 왔다는 사실을 알게 되었다. 물론 미래에 대한 낙관적 전망을 하기에는 여전히 큰 변수와 도전이 남아 있지만, 성도들과 여정을 함께하며 그들의 필요를 채우고 돌보는 사역을 통해 적응력과 회복력을 보인 교회가 많았다.

그렇다면 안티프래질의 특성을 가진 교회들은 어떠한 모습일까? 여기에도 몇 가지 종류의 교회가 있다.

첫 번째, 디지털과 온라인 시대를 예측하고 일찍부터 창조적 파괴를 감행해 온 교회들이다. 누구도 온라인 사역을 꿈꾸지 않고 있을 때 온라인 교회와 예배를 준비하고 사역 기반을 구축해 놓았던 교회들은 팬데믹 시대에 오히려 복음의 영향력이 확장되었다.

두 번째, 교회의 개념을 건물에만 묶어 두지 않고 다양한 형태의 예배와 공동체를 추구했던 교회들이다. 이들은 성도가 교회의 주체라는 것을 인정하며 소그룹 중심의 분산화를 통해 그들이 있는 곳에서 교회가 되게 했다. 주중에도 연결해서 함께 기도하고 예배하며 선교 사명을 이루어 가는 공동체가 있는 교회는 이 기간에도 전혀 위축되지 않았다.

세 번째, 앞선 모델과는 반대로 구성된 교회들이다. 앞선 모델이 하나의 지역교회가 건강한 소그룹으로 나누어진 모습이었다면, 이 모델은 소그룹 중심의 교회가 먼저 세워진 후 이들이 서로 네트워크를 이루는 형태이다.

최근 북미에서 활발하게 움직이고 있는 프레쉬 익스프레션스Fresh Expressions나 마이크로처치Microchurch 운동이 그 대표적인 예라고 할 수 있다. 이들은 태생 자체가 평신도 기반의 일상과 일터 중심이다. 각자 처한 환경과 상황에 따라 모임의 성격과 예배의 형태가 달라진다. 또한 이들 공동체는 일상 속에서 선교적 삶의 실천을 목적으로 삼고 있기에 더욱 다양하고 창의적인 자신만의 사역을 하고 있다. 이러한 공동체의 연합이 시너지를 만들어 내고 사역을 더욱더 활기차게 만든다.

불확실성과 충격의 시대에 교회는 강해질 수 있는가? 그렇다. 역사 속의 교회는 한 가지 형태로 존재한 적이 없다. 교회는 언제나 시대 상황에 맞게 변화해 왔고 사명으로 인해 강해졌다. 오늘 우리가 점검해야 할 내용이 여기에 있다. 우리는 사명 중심인가? 사명을 이루기 위해 끊임없이 자신을 변화시키고 사역의 초점을 조정하고 있는가? 성도들이 일상의 삶에서 예배하며 사역하는 구조를 제공하고 있는가? 그런 맥락에서 우리는 어떻게 건강한 성도와 사명 중심의 소그룹 공동체를 세워 교회를 네트워크화 할 수 있을지 생각해야 한다. 지금의 위기가 체질 변화를 일으키는 절호의 기회가 될 수 있기를 바란다.

미래 교회의 유형과
기초를 확립하라

미래 교회의 유형과
기초를 확립하라

지난 십 수년간 북미 지역의 교회 갱신 운동을 연구하면서 발견한 중요한 사실 하나가 있다. 그것은 이 시대는 하나의 정형화된 모델이 아닌, 훨씬 더 다양하고 창의적인 모델이 출현하고 있다는 점이었다. 풀러신학교에서 이머징 교회를 연구하고 가르쳤던 라이언 볼저Ryan Bolger와 함께 공동 강의를 할 때였다. 나의 이런 주장에 라이언 볼저 교수는 적극 동의하면서 자신은 이러한 현상을 'new expressions of church', 즉 '교회의 새로운 표현'이라고 묘사한다고 말했다. 획일화된 하나의 성공적 모델을 추구하는 시대는 끝이 났다. 미래 교회는 새로운 형식과 모습이 되어야 한다.

그렇지만 잊지 말아야 할 것이 있다. 바로 교회 운동의 기초가 되는 원리는 동일하다는 점이다. 그렇다면 그 기초는 무엇일까?

최근에 『Future Church미래 교회』라는 책을 낸 윌 맨시니Will Mancini와 코리 하트만Cory Hartman은 향후 20년을 내다보며 교회를 세 가지 유형으로 나누고, 교회의 사역 방향을 제시했다.

첫 번째 유형은 '프로그램형 교회'이다. 이 유형은 교회 성장을 중심 가치로 여기고 그것에 기반한 모델이라 할 수 있는데 교회 본연의 소명과 비전보다 프로그램과 매니지먼트가 앞서는 특징이 있다. 연구에 따르면 이 유형에 속한 교회의 사역자들과 스텝들은 에너지 대부분80% 이상을 주일 예배와 기존 프로그램을 운영하기 위해 소모한다. 문제는 지난 2015~2020년까지 이렇게 프로그램 중심으로 운영해 왔던 교회들이 위기를 맞이했다는 점이다. 교회를 떠나는 사람들이 생기고 젊은이들은 교회를 등지는 비율이 높아지면서 이 유형에 속한 사람들은 교회에 대해 질문을 제기하고 진정한 공동체에 대한 목마름을 호소하기 시작했다.

두 번째 유형은 '가정교회House Church 모델'이다. 기존 프로그램형 교회 모델이 제도와 건물 중심이라 한다면 가정교회 모델은 사람 중심의 네트워크를 기반으로 한다. 이들은 의도적으로 작은 공동체를 강조하기 때문에 모임도 전통적인 교회 건물 대신 가정이나 카페 등 제3의 장소를 선호한다. 리더십 역시 신학 교육을 받지 않은 평신도가 중심이다. 이들의 존재 이유는 매우 선명하다. 일상의 현장에서 삶과 삶life-on-life이 만나는 제자를 만드는 사역life on life disciple making relationship을 중심으로 공동체 중심의 교회를 재생산하는 게 목적이다.

가정교회에 대한 정확한 통계와 자료는 없지만, 가정교회에 참석하는 숫자가 급속도로 늘고 있다는 사실은 분명하다. 그리고 점차 기존 교회에서도 이 운동의 원리를 배워 적용하려는 다양한 시도가 이루어지고 있다.

세 번째 유형은 '조직화한 제자 만들기organized disciple making'이다. 윌 맨시니와 코리 하트만은 앞선 두 모델프로그램형과 가정교회 모델에 대해 프로그램 교회는 '제자훈련 없는 조직'으로, 가정교회는 '조직 없는 제자훈련'이라고 평했다. 그러면서 이 두 가지 모델을 보완해 제시된 모델이 바로 조직화한 제자 만들기 유형이다. 그들은 이 모델이야말로 미래 교회가 추구해야 할 방향성이라고 말했다.

물론 이것은 전혀 새로운 모델이 아니다. 이미 예수님께서 보여 주신 사역이며, 이 시대에도 많은 교회가 노력하고 있는 모델이다. 문제는 실전이다. 정말 교회가 제자 만들기에 집중하고 있는지, 그것을 위해 조직 구조가 형성되어 있는지를 점검해야 한다.

예수님의 사역을 들여다보자. 3년간의 공생애를 보면 예수님께서 대중에게 노출될수록 더 많은 관심과 인기가 따라왔다. 그런데 예수님의 관심은 따르는 사람들의 숫자와는 비교할 수 없을 정도로 적은 사람들에게 집중되었다. 이를 단순화한 수치를 본다면, 1년 차에는 12명의 제자가, 2년 차에는 72명이, 십자가와 부활 사건 직후에는 120명의 성도가 증인으로서 보내심을 받았다. 여기서 기억해야 할 점이 있다. 예수님의 사역은 분명 적은 숫자에 집중되어 있었지만, 이것이 '증식multiplication 원리'를 따르고 있었다는 점이다. 한 명에서 12명, 72명, 120명이 보냄을 받았다는 사실을 기억하라. 그 이후 역사는 어떻게 전개되었는가? 부활하신 예수님은 500여 명의 성도에게 자신을 보이셨고, 베드로가 예수님의 부활을 증언했을 때는 하루에 3천 명이 회개하고 세례받는 사건이 일어났다행 2장.

만약 우리의 사역이 이러한 패턴을 따를 수 있다면 교회의 미래는 희망으로 가득 찰 것이다. 그런 측면에서 프로그램과 이벤트는 교회의 미래가 될 수 없다. 오직 생명력 있는 복음의 능력이 발휘될 때만 가능하다. 미래 교회가 나아가야 할 방향은 분명하다. 사역의 초점을 재설정해야 한다. 예수님처럼 모인 무리를 외면하지 않되 진정한 제자를 만들어 가는 사역에 집중해야 한다. 그들을 통해 제자가 제자를 낳는 재생산이 이루어져야 하고 생명이 생명을 낳은 구조가 되어야 한다.

나는 여기에 기존 교회의 희망과 고민이 있다고 본다. 먼저 희망은 기존 교회의 구조를 포기하지 않아도 된다는 점이다. 교회에는 여러 층의 사람이 모인다. 적극적으로 핵심부에서 공동체를 섬기는 사람도, 주변부에 머물며 탐색을 하는 이들도 있다. 교회는 모든 사람을 품어야 한다. 그러나 사역의 핵심은 먼저 소수에 집중하며 그들을 제자화하는 것에서 시작되어야 한다. 바로 여기에 우리의 고민이 있다. 제자를 만들고 확산하기 위해 기존 프로그램과 구조를 어떻게 변화시켜야 할 것인가 하는 부분이다. 이미 많은 교회가 대중을 대상으로 그들에게 서비스를 제공하는 구조에 익숙하다. 이것을 변화시켜야 한다.

CHAPTER

·

15

제자도에 기초한
미래형 교회가 되라

제자도에 기초한
미래형 교회가 되라

CHAPTER 15

앞 챕터에서 미래 교회에 대한 전망과 함께
세 가지 교회 유형을 언급했다. 첫 번째는 사
역의 초점이 제도와 건물, 주일 중심으로 운
영되는 프로그램 모델과 두 번째는 의도적으
로 더 작고 유기적인 사역을 추구하는 가정
교회 모델이었다.

이 두 모델에 대해 윌 맨시니와 코리 하트
만은 전자는 '제자훈련 없는 조직'으로 후자
는 '조직 없는 제자훈련'으로 평가하며 그 대
안으로서 '조직화된 제자 만들기' 유형을 소
개했다. 의심할 바 없이 오늘날 교회는 새로
운 시대에 맞는 변혁을 요청받고 있다.

수십 년간 아무 의심 없이 받아들여 왔던

조직 구조와 사역 형태에 대한 재형성이 필요하다. 코로나19 팬데믹 상황이 끝나면 이러한 충격이 현실 속 깊이 파고들 것이다. 상황은 더욱 복잡하게 전개될 것이고 성도들의 생활과 의식 또한 훨씬 더 자유롭고 유연하게 바뀔 것이다.

그런 맥락에서 코로나19 팬데믹은 우리에게 미래 시대를 예단하고 준비할 수 있는 충격이자 기회임을 자각할 필요가 있다. 다행인 것은 코로나19와 함께 이미 와버린 미래 속에서 교회는 완전히 새로운 시대를 준비해야 함을 알게 되었다. 그러면서 부각된 사실이 있다. 미래는 '교회가 교회다워질 때'만 희망이 있다는 자각이었다. 물론 이 명제는 전혀 새롭지 않은, 그러나 현실 교회가 실행하기에는 여전히 어렵다는 점에서 아이러니하다.

교회마다 이해와 접근 방식이 다르다는 점도 또 다른 난관이다. 이를 타개할 수 있는 유일한 방법은 기본으로 돌아가는 일이다. 성공이라는 시대적 지표 대신 주님께서 의도하셨고 설계하셨던 원래의 계획, 즉 교회는 '하나님 나라'를 위해 조직되었고 그 사명을 이루어 가는 일에 헌신할 수 있는 구조로 탈바꿈해야 한다.

조직화된 제자 만들기라는 미래형 교회는 이런 맥락에서 중요하다. '어떻게 교회가 하나님 나라를 위해 존재하고 그 운동movement

에 참여할 수 있는가? 어떻게 이 사명을 실현할 수 있는 교회가 될 수 있는가?'를 고민하며 나온 대안이라 할 수 있다.

시카고에서 사역하며 'New Thing Network뉴 띵 네트워크'를 이끄는 데이브 퍼거슨Dave Ferguson은 하나님 나라 운동은 다음의 세 단계를 거친다고 가르친다.

첫째, 선교적 제자 만들기making missional disciples

둘째, 재생산과 교회 증식reproducing disciples and multiplying churches

셋째, 선교적 운동missional movement

첫 번째는 제자훈련에 대한 새로운 인식이다. 사실 교회가 실행하는 대부분의 교육과 프로그램은 제자훈련과 연관이 있다. 사실상 누군가 교회에 발을 들여놓게 되면 그 순간부터 여러 단계의 훈련을 받는다.

그러나 프로그램이 제자를 만들지는 못한다. 오히려 많은 노력에도 불구하고 현재 한국 교회는 제자훈련에 대한 심각한 비판과 도전 앞에 놓여 있다. 진정한 제자 만들기가 이루어지기 위해서는 먼저 '제자에 대한 새로운 정의와 방향이 정립되어야 한다. 예수 그리스도께서 행하신 것처럼 삶을 통한 제자도가 이루어져야 한다. 그리스도를 닮고 그와 같이 사는 라이프 스타일이 형성되어야 한다.

두 번째는 재생산과 교회 증식을 위한 사역에 동참하는 일이다. 하나님 나라 운동은 제자가 제자를 낳고 교회가 교회를 낳을 때 발생한다. 현대 교회가 잃어버린 제자화의 핵심 중 하나가 바로 여기에 있다. 교회를 위해 헌신하는 성도는 많다. 그러나 잃어버린 영혼을 찾고 그들을 그리스도의 제자로 세우고 그들이 또 다른 제자를 만들 수 있도록 살아가는 성도는 많지 않다.

교회 증식 운동도 마찬가지이다. 개교회의 확장을 위한 교회 개척이 아니라 잃어버린 영혼을 위해 나아가는 젊고 역동적인 교회를 세우는 개척 운동이 이어져야만 한다. 제자가 제자를 낳고 교회가 교회를 낳는 헌신과 열정이 있을 때 교회는 새로워질 수 있다.

세 번째는 이런 과정을 통해 지역교회가 하나님 나라 운동에 참여하고 선교적 운동을 낳는 주체가 되어야 한다. 교회의 문화는 우리보다 앞서 행하시는 예수 그리스도의 선교에 참여할 때 형성된다.

제자는 현장에서 만들어진다. 복음을 품고 세상 속에서 분투奮鬪하며 살 때 제자가 되는 것이다. 그리고 교회는 이러한 제자들로 인해 진정한 교회가 된다. 하나님 나라에 헌신하는 만큼 교회는 더욱더 교회다워진다. 그것이 교회 됨이며 생명의 근원이다.

변화가 필요하다면 이 잣대를 사용하기 바란다. 복음을 위해 존재하고 복음을 위해 살아가는 성도와 교회가 되는 꿈, 그 운동에 참여하며 이끌어 가는 교회가 될 수 있기를 기대해 본다.

리프레시 치치

코로나19 팬데믹은 기존 교회의 구조와 사역을 뒤흔들며 새롭고 창의적인 반응을 하도록 도전했다. 물론 새 시대를 향한 하나님의 역사는 정교하다. 20세기의 끝자락에 불기 시작한 선교적 교회 운동이 코로나19와 그 이후를 준비하는 기반이 되기 때문이다. 파트 2에서는 바로 그러한 맥락에서 북미의 선교적 교회 운동의 특징을 살피면서 어떻게 이 시대의 교회가 삶의 자리에 뿌리를 내리고 사명을 감당하는 신앙 공동체가 될 수 있을지 그 가능성과 방법을 찾아 보고자 한다. 이를 통해 독자들은 우리보다 앞서 행하시는 하나님의 손길을 발견하고 그 사역에 초청하시는 부르심을 느끼게 될 것이다.

PART 2

선교적 교회와
팬데믹 시대의 교회

북미 선교적 교회 운동의 흐름과 특징: 다양성 안에 하나님 나라를 담다

북미 선교적 교회 운동의
흐름과 특징:
다양성 안에 하나님 나라를 담다

20세기 말 선교적 교회Missional Church 담론
이 본격적으로 시작된 후 서구 교회는 어떤
변화를 경험하게 되었을까? 모두가 인식하고
있듯 선교적 교회는 교회 해체의 시기에 발생
한 운동이다. 후기 기독교 시기에 진입한 서
구 유럽 사회에서 조직화된 기독교는 충격에
가까울 정도로 빠른 쇠락의 길을 걸었다. 이
는 다원주의와 세속화, 기술과 과학의 진보,
포스트모던과 4차 산업혁명 등 무수히 많은
변수가 기독교 신앙의 근간을 뒤흔든 결과이
기도 하고, 다른 한편에서는 탈육신적이며 개
인주의가 극대화된 시대에 인간의 소외를 보
듬을 수 있는 능력을 상실한 교회 자체의 문

제이기도 했다.

　이렇듯 성장의 신화가 사라지고 차갑고 냉혹한 현실 앞에 놓인 교회는 난관을 뚫고 헤쳐나갈 무언가가 필요했다. 당장 적용할 수 있고 구체적인 결과를 낳을 수 있는 그 어떤 것 말이다. 그런 의미에서 '선교적 교회'는 누군가에게는 성장을 회생시킬 방법론으로, 또 다른 이에게는 침체된 교회를 혁신하고 변화시킬 수 있는 새로운 프로그램으로 보였을지도 모르겠다. 하지만 선교적 교회는 성장을 위한 구원투수도, 특성화된 프로그램도 아니다. 그래서인지 선교적 교회는 요즘 많은 이에게 '기대'와 '실망'의 경계선상에 있는 듯 보인다. 기대를 접기에는 너무나 많은 이가 이야기하고, 붙잡기에는 그 형태와 방법이 모호하게 느껴진다. 또 어떤 경우에는 전통적인 영역 외에서 발생하는 특수 사역으로 오해되기도 한다.

　이러한 이해는 한국 교회나 북미 교회 모두에게서 발생하는 현상이다. 이와 같은 맥락에서 딕 위덴헤프트Dick Wiedenheft는 '선교적missional'이라는 용어에 대한 잘못된 개념misconception을 다음과 같이 제시했다.

　　■ '선교적'은 단지 더 많은 아웃리치에 집중하는 것이다.

- '선교적'은 복음 전도 대신 사회적 행동social action을 하는 것을 의미한다.
- '선교적'은 해외 선교를 반대한다.
- '선교적'은 프로그램을 반대한다.
- '선교적'은 매력적인 교회attractional church를 반대한다.
- '선교적'은 내향적 사람introverts을 위한 것이 아니다.
- '선교적'은 평범한 그리스도인ordinary christians을 위한 것이 아니다.

압축해서 이야기하면, 선교적이라는 용어는 이 모든 것을 배제하는 것이 아니라 오히려 그 이상의 것을 포용한다. 선교적 교회는 하나님 나라 운동이다. 우리의 역할은 나의 욕망과 목표가 아닌 하나님의 나라를 위해 살 때 이루어진다. 하나님이 선교의 주체가 되시기에 교회 공동체는 앞서 행하고 계시는 하나님의 일을 분별하고 그것에 참여하는 일에 집중한다. 따라서 선교 의식과 사명이 충만한 교회일수록 획일적 방법과 형식에 안주하지 않는다. 그들은 자신을 이끄시는 하나님의 부르심에 민감하게 반응하며 순종한다. 자신이 있는 곳에서 이웃과 지역을 품고, 세계 열방을 향해 나가는 선교적 그리스도인들이 충만한 교회, 그들로 인해 형성되는 공동체가 곧 선교적 교회이다.

선교적 교회는 잃어버린 선교 의식을 회복하고 부르심을 찾아가는 과정에서 자신의 사역을 명확히 발견한다. 흔히 선교적 교회를 'Doing'이 아니라 'Being'이 우선해야 한다고 말하는 근거가 바로 여기에 있다. 선교적 존재로서 자신과 공동체를 인식하게 될 때, 교회는 비로소 무엇을 해야 할지를 알게 된다.

그렇다면 북미에서 발생하고 있는 선교적 교회는 어떠한 특성을 보이고 있을까? 그들은 어떻게 존재론적 사명을 발견하고 실천해 가고 있을까? 그곳에서 우리가 보고 배울 수 있는 것은 무엇인가?

북미 선교적 교회 운동의 특성

북미에서 발생하고 있는 선교적 교회 운동을 몇 마디로 압축하는 것은 불가능하다. 넓은 땅만큼 다양한 흐름과 사역이 존재하기 때문이다. 그런데도 필자가 이러한 논의에 가담할 수 있는 이유는 이제까지 해 왔던 현장 연구와 더불어 현재 북미에서 운동을 이끄는 리더들과의 지속적 교류를 통해 나의 관점과 이해도를 점검해 온 덕분이라 할 수 있다. 그중에는 GOCN의 태동 시기에 영향을 미쳤던 윌버트 쉥크Wilbert R. Shenk, 이머징 미셔널 교회 Emerging Missional Church 연구에 탁월한 업적을 남긴 라이언 볼저 Ryan Bolger, GOCN의 멤버였고 현재도 The Missional Network더 미셔널 네트워크의 리더인 알렌 락스버러Alan J. Roxburgh, 네트워크와 전략을 통해 현재 북미 선교적 교회 운동의 중추적 역할을 하는 앨런 허쉬Alan Hirsch, 교회 개척 네트워크를 이끌며 현장의 중심에 있는 JR 우드워드JR Woodward, 소그룹과 가정교회 운동을 일으킨 닐 콜Neil Cole, 교회 갱신과 혁신의 길을 예언자적 관점에서 제시 하고 있는 레너드 스윗Leonard Sweet 등이 있다. 이 같은 사상가와 운동가들로부터 배우고 점검한 내용이 이해의 지평을 넓히는 데 도움이 되었음을 밝힌다. 그렇다면 이러한 과정을 통해 발견한 주 요한 내용은 무엇인가?

무엇보다 선교적 교회는 지금도 계속 확산하고 있는 운동이다. 마치 감염을 일으키는 바이러스와 같이 선교적 교회의 개념과 사 상이 급속히 퍼져가고 있다. 물론 어떤 이들에게는 이런 상황이 불편할 수도 있을 것 같다. 최초 주창자들이 말했던 깊고 고상한 신학적 의미가 퇴색된 것처럼 보일 수 있기 때문이다. 그렇지만 오 늘날 선교적 교회는 더는 소수의 전유물이 아니다. 교회의 미래를 염려하고 치열한 고민을 하는 사람들의 상상력을 자극하고 창조적 사역을 만드는 역할을 한다. 그로 인해 북미에서는 선교적 교회의 다양한 모델과 형태가 존재한다. 각자의 현실 속에서 상황화하려는 노력의 결과이다.

감사한 것은 이러한 흐름이 서로 반목하지 않고 협력의 물줄기를 만들어 내고 있다는 점이다. 작은 선교적 공동체들로부터 거대한 메가처치에 이르기까지 선교적 교회 운동에 가담한 주체들이 함께 협력하려는 노력을 지속하고 있다.

그 중 주목할만한 운동 중 하나가 100 movements이다. 이 모임은 앨런 허쉬가 중심이 되어 시작된 운동으로서, 100개의 교회와 단체, 리더, 교단들이 연계해 하나님 나라 운동을 위해 협력하는 네트워크이다. 필자 또한 멤버로 초청이 되어 수년째 참여하고 있는데, 매년 북미와 유럽, 호주 등 수십 명의 선교적 교회 리더들이 모임을 갖고 정기적인 웨비나 모임 등을 통해 사역의 방향과 정신을 공유한다. 구성원들은 대형 교회, 중형 교회, 소형 교회, 소그룹 네트워크를 이끄는 리더 등이 골고루 포진되어 있다.

신학적 기반을 세워 선교적 운동을 돕는 미시오얼라이언스Missio

Alliance의 모임 또한 주목할 만하다. 매년 1천 명 가까운 사람들이 모여 고민과 리소스, 방법론을 나눈다. 매년 1만 명이 모이는 모임도 있다. 엑스포넨셜콘퍼런스Exponential Conference는 미 동부와 서부에서 각기 열리는데 선교적 교회 개척에 대한 안건agenda을 가지고 논의와 협력을 한다. 이처럼 각기 다른 주체가 함께 모여 협력하고 노력하는 모습을 통해 사역자들은 큰 격려는 받는다. 그리고 선교적 교회가 하나님 나라 운동의 큰 흐름 가운데 다양하지만 같은 길을 가고 있음을 확인하게 된다. 어쩌면 이것이 북미의 선교적 교회 운동이 건강하고 바른 방향으로 가고 있는 하나의 증거라 생각된다.

그렇다면 북미의 선교적 교회 운동은 어떻게 확산하여 갔을까? 세상의 모든 운동은 소수의 영향력으로부터 시작된다. 교회의 변화와 갱신도 마찬가지다. 한 개인의 변화가 다른 사람에게 영향을 미치고, 이것은 곧 집단적 개념의 변화를 초래한다. 이후 구조적 개혁을 통해 선교적 갱신이 이루어진다. 북미 교회가 그랬다. 교회의 선교적 본질과 개념에 대한 이해와 인식이 명확해지자 그 사명을 이루기 위한 구조적, 선교적 개혁이 발생했다. 어떤 이들은 기존 교회 밖에서, 또 어떤 이들은 전통적인 교회 내에서 갱신을 이루어갔다.

비제도권에서 일어나고 있는 선교적 운동

역사적으로 선교적 갱신 운동은 항상 제도권 밖에서 먼저 시작되었다. 흔히 '변두리 이론', 혹은 '주변부 이론'이라 불리는 이 개념은 이미 기득권을 누리고 있는 중심부에서 새로운 변혁이 일어나기 어렵다는 것을 방증한다. 실제로 근대 선교 운동의 대부분은 주변부에서 깨어있던 소수의 사람에 의해 발생했다. 선교적 교회가 운동으로 확산하는 데에도 이 원리는 적용된다.

선교적 교회의 개념을 가장 열정적으로 받아들인 사람들은 이머징 교회emerging church 리더들이었다. 기존 교회가 여전히 교회성장의 신화에 빠져 마케팅과 서비스에 열을 올리던 시절, 깊은 영성과 공동체에 갈증을 느낀 세대를 품기 위해 태동한 흐름이 이머징 교회였다. 그들의 최우선적 관심사는 교회를 떠나간 '포스트모던 시대의 교회 밖 세대unchurched generation'였다. 겉으로 볼 때 이들의 예배는 매우 실험적이고 예술적이며 고전적 상징과 세속 문화적 요소를 활용하는 담대함을 보였다. 내면적으로는 예수 그리스도의 삶을 따라 살며, 성聖과 속俗의 이원론적 한계를 넘어 모든 공간을 다스리시는 하나님의 임재를 추구하고, 공동체에 대한 갈증을 가진 세대들에게 선교적으로 다가가려고 노력했다. 당연히 선교적 교회의 신학과 원리는 이들 사역의 핵심 기반이 되었다.

또 하나 주목해야 할 운동이 실천적 영성을 추구하는 수도원 공동체이다. 21세기 수도원 운동은 세상과 자신을 분리하는 모습을 추구하지 않았다. 오히려 도심 한가운데로 들어가 가난하고 연약한 주변부의 사람들을 돌보며 사회 정의를 추구하고 화해와 사랑을 실천했다. 이 운동은 포스트모던과 후기 크리스천 시대 속에서 신실한 복음의 증인이 되기 위해 교회는 무엇을 해야 하고, 주 7일을 어떻게 선교적으로 살 것인지를 묻고 도전하는 역할을 했다.[1]

선교적 교회의 이론적 탐색이 이러한 흐름과 맞물리면서 이머징적인 요소와 사회적 행동이 결합한 실험적이고 실천적인 교회 공동체가 출현했다. 그 대표적인 예가 가정교회다. 그들은 작은 공동체를 지향하며 집, 카페, 사무실 등지에서 모였지만 그렇다고 해서 세상을 향해 닫힌 공동체가 아니었다. 그들은 작고 친밀한 공동체로서 믿지 않는 자들을 찾아가 복음을 전하고 제자 삼는 사역에 집중했다. 제자가 제자를 낳고 교회가 교회를 낳는 사역이 빠르게 확산하였다. 물론 가정교회 자체는 그들의 비체계적 특성으로 인해 신학적 일관성과 구조적 지속성이 짧은 단점을 노출하기도 했다.

이후에 조금 더 조직화된 선교적 공동체missional community 운동이 발생했다. 시애틀의 소마 공동체Soma Community나 플로리다 탬파Tampa의 언더그라운드Underground 네트워크 등이 대표적인 예이다. 이들은 가정교회가 지니고 있는 자생적이며 유기적 특징을 갖고 있으면서도 조직적이고 체계적인 구조 속에서 네트워크를 형성했다. 그들의 사역은 이웃에 있는 믿지 않는 사람들이 예수 앞에 순복하고surrender, 선교적 공동체에 연결되며connect, 능력을 부여 받고empower, 왕국 사역에 참여engage케 하는 일에 초점이 맞춰 있다.[2] 현재 이들의 번식력은 놀라울 정도다. 소마 공동체의 경우 북미와 멕시코 50여 개 도시에 퍼져 활발하게 활동 중이다. 언더그라운드의 경우에는 탬파에만 200여 개 이상의 작은 공동체microchurches가 있고 현재 더 많은 도시로 확산 중이다.

이들의 공통점은 교회의 선교적 본질을 철저히 인식한 소수의 사람이 성령의 인도에 따라 자생적이고 자발적인 공동체를 형성하여 선교적 삶을 살아간다는 데 있다. 많은 수의 리더가 평신도들인 것도 특색이다. 기존 교회가 전통적 의식과 조직, 교단 신학의 틀에 매여 있는 동안 이들은 복음 안에서 더 포괄적이고 자율적인 접근을 한다. 예수 중심의 공동체로서 잃어버린 자, 가난한 자, 구제, 섬김, 정의, 나눔, 환대, 성경, 문화, 다민족 등 복음 전도를 위한 다채롭고 통전적 방법들을 사용한다. 그러자 선교적 삶에 목마르던 진지한 그리스도인들이 합류했고, 이후 교회를 떠난 가나안 성도들과 비그리스도인들이 돌아오는 일이 발생했다.

제도권 안의 젊고 창조적인 교회들

물론 이러한 현상이 제도권 밖에서만 발생한 것은 아니다. 선교적 교회의 정신과 신학을 받아들였던 많은 이머징 교회가 신학과 사역을 정비한 후, 점차 새로운 복음주의 교회의 한 축으로 자리 잡았다. 이들 대부분은 젊은 교회였다. 당연히 교회 내에 젊은 세대가 모일 만한 문화가 형성되었다. 예술과 테크놀로지technology를 결합한 역동적인 예배와 강력한 메시지, 개인의 재능과 아이디어를 활용할 수 있는 열린 구조, 소속과 사명이 결합된 소그룹, 지역을 변화시키는 실천적 사역 등이 활발하게 발생했다.

젊은이들을 열광하게 만든 것은 정형화된 프로그램이 아니다.

존재 이유를 발견하고 삶의 의미와 가치를 부여할 수 있는 사역이 그들을 움직인다. 이들은 더 깊고, 더 역동적이며, 더 가치 있는 일에 삶을 드리고 싶어 한다. 그래서인지 이렇게 부상한 선교적 교회들은 새로운 모험과 실험을 두려워하지 않는다. 그들은 사람을 모으는 대신, 복음을 위해 사람들과 리소스를 분산하여 세상으로 내보내기를 힘쓴다. 그곳에서 지역의 필요를 찾아 섬기고 하나님의 회복과 통치가 임하기를 기대한다. 당연히 거대한 캠퍼스와 건물은 그들의 관심사가 아니다. 창고, 사무실, 학교 강당, 극장, 클럽 어디든 상관없다. 성도가 모이는 곳이 교회이고, 그들이 곧 보냄 받은 선교사들이기에 모임은 보냄을 위해 존재한다는 철학이 강하다.

워싱턴 DC에 있는 내셔널 커뮤니티 교회National Community Church의 경우 도시 아홉 군데 극장에서 주일 예배를 드렸다. 마켓 플레이스에 존재해 세상을 변화시켜야 한다는 명확한 비전 때문이다. 같은 지역 다운타운에 위치한 그레이스 DC는 훨씬 더 작은 규모지만, 세 개의 작은 교회로 흩어져 네트워크 구조 속에서 사역한다. 대부분의 성도가 소그룹에 참여하고 그 공동체가 주변 지역사회를 섬긴다. 그러한 철학으로 인해 이들은 다운타운 밖에 사는 성도들은 멤버로 받아들이지 않는다. 자신이 사는 지역교회를 출석하고 그곳에서 선교적 삶을 살아야 한다는 신념 때문이다. 그런 예는 많다. 남부 캘리포니아에 위치한 뉴송 교회New Song Church의 경우, 지역을 향한 그들의 헌신과 진정성에 감동한 이웃 교회가 더 효과적으로 지역 공동체를 섬기기 위해 자신의 예배당을 기증하는 일도 있었다.

하나님 나라의 가치를 가진 젊은 교회들의 등장은 자연스럽게 교회 개척 운동으로 이어졌다. 오래된 교회일수록 전통과 문화에 고착되어 선교적 열기를 잃어버리기 쉽다. 반면에 새로 개척된 교회는 복음 전도와 선교 사역에 열의를 다한다. 끊임없이 새로운 교회가 필요한 이유다. 고무적인 것은 사람을 세우고 보냄을 실천하려는 교회가 많아지고 있다는 점이다. 코로나19 이전까지만 해도 북미 지역의 영적 활력은 교회 개척 운동과 함께 진행되었다.

미국에서도 개척은 쉽지 않다. 그러나 개척을 통해 선교가 더 적극적으로 일어나는 것은 분명하다.

또 한 가지 주목할 만한 부분이 교회 개척을 돕는 전문 단체의 역할이다. 교단 내에 형성된 단체들이나, 지역교회들이 연합하여 세운 단체들예를 들어 Acts 29나 로스앤젤레스 지역의 교회들이 연합한 LA

Church Planting Network, 혹은 독립 단체로서 초교파적으로 사역을 감당하고 있는 단체들이 새로운 상상력과 구체적인 실천 방법을 제공한다. 영국에서 시작되어 북미에서도 최근 활발한 사역을 하는 프레쉬 익스프레션스 운동Fresh Expressions Movement이나 3DM 운동3DM Movement, 포지 네트워크Forge Network, V3 처치 플랜팅 네트워크V3 Church Planting Network 등이 대표적인 예라 할 수 있다. 흥미롭게도 이들의 사역 방식이 매우 유사한 것을 본다. 기본적으로 선교적 소그룹을 형성해 지역사회와 비신자들과 관계를 맺고, 복음을 전파하고 제자화하여 재생산을 이루어 가는 방법을 사용한다.

이렇게 새로운 교회들이 부상하고 선교적 공동체에 기반한 신선한 교회 개척 운동이 일어나자 전통에 메여 있던 기성 교회들역시 자극을 받기 시작했다. 지역교회들의 선교적 회심이 발생한것이다.

기성 교회의 선교적 회심

선교적 교회 운동은 기존 교회에도 많은 영향을 끼쳤다. 건강한 목회를 추구하고 있던 교회뿐만 아니라 정체와 쇠락의 단계에 접어든 교회들에도 새로운 영감과 도전을 주었다. 무엇보다 선교적 교회 운동은 기성 교회의 자기 인식과 새로운 변화에 대한 필요성을 제기했다. 이제 그들에게는 어떻게 새롭고 신선한 방식으로 자신과 세상을 바라볼 것인가에 대한 과제가 주어졌다.

점차 기성 교회 내에서도 비제도권에서 사용했던 방법들이 채용되기 시작했다. 예를 들어, 성도들에게 선교 의식을 불어 넣고, 세상을 선교적으로 바라볼 수 있는 안목과 세상 한복판에서 공동체로서 살아가는 방식 등을 적용하는 교회들이 생겼다. 그러자 선교적 삶을 살아내는 제자들이 일어났다. 그들을 중심으로 세상을 섬기고 복음을 증거하는 선교적 공동체 운동이 발생했다. 성도들 안에 잠재되어 있던 선교 의식이 깨어나자 그들이 있는 곳에서 하나님 나라를 위한 자발적 선교가 발생하게 된 것이다.

미 서부에 위치한 이스트사이드 교회Eastside Church의 전환은 놀랍다. 한때 3천 명의 출석 성도를 가졌던 교회였지만 시간이 지나며 성도 수가 절반 가까이 줄었다. 그러던 교회가 최근 10년 사이에 놀라운 반전을 겪는다. 새로운 담임목사 진 아펠Gene Appel 은 부임하자마자 오래된 교회 시스템을 개선하고 성도들에게 선교적 열정과 사역을 할 수 있는 장을 열어 주었다. 그 결과 지금은 성도 수가 1만 명을 넘는 초대형 교회가 되었다.

그렇지만 진짜 놀라운 점은 성도 수의 증가가 아니다. 매년 복음을 통해 회심하고 세례받는 수가 믿을 수 없을 정도다. 2016년에는 600명, 2017년에는 700명, 2018년에는 900명이 세례를 받았다. 그 원동력은 어디에 있는가? 바로 선교적 공동체에 있다. 그들은 교회 내부에 집중되었던 사역을 바꾸고, 성도들이 일상의 삶 속에서 공동체로 복음 증거할 수 있는 시스템을 만들었다. 성도들이 주체가 된 창조적 소그룹이 생성되었다.

미국에는 이와 유사한 공동체를 가진 교회가 점점 더 늘고 있다. 그러한 공동체는 복음을 전하기 위해 사람들과 관계를 맺고 그리스도의 사랑을 나눌 수 있는 모든 일을 포함한다. 예를 들면 해변에서 서핑하는 이들을 위한 그룹, 스케이트나 스키, 자전거, 마라톤, 각종 운동에 관심 있는 자들을 위한 그룹, 연령에 따른 학부모 그룹, 아버지, 어머니 그룹, 다이어트 그룹, 중보기도 그룹, 독서 클럽, 입양 자녀를 위한 그룹, 홈스쿨링 가정 그룹, 회복 그룹, 장애인 자녀를 둔 그룹, 싱글 부모 그룹, 직업별 그룹, 예술가 그룹, 음악가 그룹, 강아지를 기르는 사람들의 그룹, 성경 공부 그룹, 큐티 그룹, 성경 통독 그룹, 온라인 커뮤니티 그룹, 손주를 양육하는 조부모 그룹, 은퇴한 사람들을 위한 그룹, 인종별 그룹, 지역의 가난하고 소외된 자를 섬기는 각종 그룹 등……. 여기에는 어떤 제한도 없어 보인다. 이스트사이드 교회의 경우 이러한 소그룹은 선교적 열정을 가진 사람이라면 누구나 만들 수 있다. 참여자들 역시 모두 자원자이다. 이들은 자신의 직업과 관심사, 은사와 열정을 통해 비신자를 만나고 지역을 섬기고 복음을 전한다. 모두가 선교사라는 인식이 교회 문화를 변화시킨 예다.

미 동부 최대 교회 중 하나였던 맥클린 바이블 교회McLean Bible Church의 변화도 상징적 의미가 있다. 이 교회는 1980~1990년대 윌로우크릭 교회의 모델을 따라 구도자 중심 사역으로 큰 성장을 거두었던 교회다. 『래디컬』로 유명한 데이비드 플랫David Platt이 부임하면서 교회는 엄청난 변화를 겪었다. 과거 교회 성장의 원동력이었던 구도자 모델을 과감히 포기한 것이다. 그들은 편리주의와 소비주의적 태도를 버리고 성도들을 선교적 제자로 만들어 세상에 파송하는 일에 모든 역량을 집중한다. 초기에는 타협 없는 메시지와 급진적 사역에 불편을 느낀 성도들 수천 명이 교회를 떠나는 일도 있었다. 그렇지만 지금은 인종과 지역, 나라와 문화를 초월해 세상을 섬기고 복음을 전하는 다양한 사역이 역동적으로 진행되고 있다.

선교적 적용

형태와 모양은 다르지만, 북미의 선교적 교회 운동은 새로운 하나님 나라 운동의 핵심이 되고 있다. 성령님은 선교적 상상력을 가진 교회들을 통해 기존 교회를 도전하며 우리를 모험으로 초청하고 계신다. 선교적 교회 운동이 지닌 특징은 무엇인가? 〈그림 1〉과 같이 사역을 이루는 축의 전환이 발생했다.

<그림 1> 사역을 이루는 축의 전환

사역의 중심이 목회자에서 평신도로, 개인에서 공동체로, 내부에서 외부로, 의무에서 자원으로, 프로그램에서 일상으로, 서비스에서 선교로, 제도에서 운동으로 주체와 방향 그리고 흐름이 바뀌었다. 탑다운 형식의 수동적 형태가 아닌 평신도가 주체가 되어 자발적으로 일상의 삶 속에서 공동체를 이루며 함께 선교 운동에 참여하는 것이 선교적 교회 내에서 발견되는 특징이다. 여기에는 하나의 형식으로 규정지을 수 없는 다양성과 창조성이 있다. 그들 공동체는 자신의 부르심과 은사, 자원을 활용해 하나님의 선교에 참여한다.

이들 교회의 또 다른 특성은 '실천이 결합된 복음 전도와 선교'가 진행되고 있다는 점이다. 과거와 같이 복음 전도와 사회 정의가 서로 대립하며 무엇이 우선인가의 문제는 이들에게 중요치 않다. 오히려 가난하고 소외된 자들을 섬기는 행동이 배제된 복음을 상상하기 어렵다. 통합적인 관점에서 복음 전도와 선교는 행동action을 동반한다. 그런 맥락에서 교회는 사회적 책임을 다하려 노력한다. 인적 자원과 물질적 자원을 세상으로 보내어 세상을 감동케 하는 사역이 활발하게 일어나는 중이다.

그리고 또 하나의 중요한 점은 바로 네트워크를 통한 운동의 확산이다. 작은 교회와 큰 교회가 연합하고, 새로운 교회와 전통 교회가 선한 영향을 주고받으며 선교적 생태계를 형성해 나간다. 물론 여기에는 여전히 많은 도전과 어려움이 존재한다. 그렇지만 하나님 나라의 꿈이 있기에 자신을 낮추고 함께하려고 노력한다. 그것이 운동을 확산하는 중요한 기반이 됨을 잊어서는 안 된다.

한국 교회에 변화가 필요하다. 그러나 그 변화는 하나님께서 이끄시는 것이어야 한다. 모든 교회가 선교적 꿈을 꿀 수 있기를 바란다. 함께 손을 맞잡고 같은 방향을 바라보며 선교적 생태계를 만들어 가며 생명력을 회복하는 한국 교회가 되기를 기대해 본다.

CHAPTER

·

17

북미 교회의 새로운 신앙 운동: 일상에 뿌리내린 영성과 신앙

북미 교회의 새로운 신앙 운동:
일상에 뿌리내린 영성과 신앙

21세기 북미 교회와 그리스도인들은 어떤 모습으로 신앙생활을 하고 있을까? 포스트모더니즘과 다원주의의 거센 파도에 적응도 하기 전에 엄습한 4차 산업혁명의 시대를 통과하면서도 북미의 그리스도인들은 어떻게 자신의 정체성을 유지하며 예수께서 주신 지상명령을 수행하고 있을까?

필자는 이번 챕터를 통해서 북미의 성도들이 경험하는 상황적 변화와 그 속에서 새롭게 부상하고 있는 교회를 중심으로 신앙생활을 하는 성도들의 모습을 관찰자의 입장에서 살펴보고 그 내용을 함께 나누어 보고자 한다.

주변화의 어두운 그림자

　신학대학원을 졸업하고 미국 유학을 오르던 2000년 당시, 미국 교회는 필자에게 있어 사역의 표상과도 같았다. 무엇보다도 필자가 정착한 남부 캘리포니아 지역은 미국의 대표적인 대형 교회들이 즐비한 곳이었기 때문에 미래 목회를 준비하기에는 최적의 장소라 여겼다. 그곳에는 화려하고 아름다운 교회로 유명했던 로버트 슐러Robert Schuller의 수정교회Crystal Cathedral Church, 목적이 이끄는 교회로 급성장을 이룬 릭 워렌Rick Warren의 새들백 교회, 예수 운동으로 대표되는 척 스미스Chuck Smith의 갈보리 채플Calvary Chapel, 보수주의의 상징과 같았던 존 맥아더John MacArthur의 그레이스 커뮤니티 교회Grace Community Church 등 당시 교회 성장 운동을 주도하던 교회들이 즐비했다. 정말 그랬다. 처음 이러한 교회들을 방문하면서 보았던 거대한 캠퍼스와 주차장, 아름다운 건물과 완벽한 시스템은 보는 이로 하여금 탄성을 자아내기에 충분할 만큼 압도적이었다.

　그러나 그러한 환상은 오래가지 못했다. 외부로 알려진 이러한 교회들과는 달리 대다수 지역교회의 현실은 너무나도 심각했다. 마치 죽어 가는 유럽 교회들처럼, 유서 깊은 동네 교회의 내부에는 일평생 교회를 지켜온 어르신들만 남아 그 명맥을 유지하는 경우가 많았다. 물론 이러한 현상이 갑자기 발생한 것은 아니었다. 스탠리 하우어워스Stanley Houerwas와 윌리엄 윌리몬William H. Willimon이 묘사했던 것처럼, 미국 교회는 이미 1960년대부터 세속화의 도전에 실패하며 주변화와 쇠락의 길로 들어서고 있었다.

Reveal: 프로그램과 영적 성장의 모순

1960년대 이후 성도 수의 감소로 당황하고 있던 미국 교회는 이후 교회의 새로운 갱신과 성장을 일으키기 위해 다양한 노력을 기울였다. 교회 성장 운동이 이 시기에 주목을 받게 된 이유도 알고 보면 이러한 현상과 맥이 닿아있다. 이때부터 교회는 생존과 성장의 두 가지 목표를 위해 전통적 교회가 지니고 있었던 건물과 예전, 상징 등을 벗어 던졌다.

대신 '교회 같지 않은 교회'를 표방하며 밴드와 화려한 조명, 팝 음악 스타일의 복음송과 드라마 등을 통해 대중에게 다가갔다. 목회자들도 높은 강대상과 목사 가운을 벗어 던지고, 청바지와 하와이안 셔츠를 입고 일상의 삶과 밀접한 주제를 가지고 말씀을 전했다.

그 대표적인 교회가 바로 윌로우크릭 교회였다. 구도자 중심의 예배를 고안해 시카고 근교에 수만 명이 모이는 대형 교회로 성장시킨 빌 하이벨스Bill Hybels는 교회를 다니지 않는 이웃을 전도하기 위해 장애가 되는 모든 것을 해체하는 전략을 썼다. 나아가 성도들의 신앙 성장에 도움이 되는 프로그램을 제공하기 위해 수백만 불의 재정과 최고의 전문가들을 동원해 사역을 진행했다. 모든 것이 완벽해 보였다. 교회는 성장했고, 전 세계에서 윌로우크릭 교회의 사역을 배우기 위해 매년 수천 명의 사람이 몰려들었다. 많은 교회가 제2, 제3의 윌로우크릭 교회가 되기를 소망하며 그곳의 사역을 모방했다.

그렇게 30년이 넘게 순항하던 어느 날, 윌로우크릭 교회는 한 권의 보고서를 세상에 내놓는다. 「Reveal: Where Are You?발견」 이 제목이 암시하듯, 그들은 3년간의 심층적인 연구를 통해 교회의 영적 성장에 대한 감춰진 진실을 드러냈다. 그리고 빌 하이벨스는 "우리의 사역은 실패했다"라고 선언했다. 또다시 엄청난 충격을 세상에 안겼다. 그러나 그들은 옳았고 용기가 있었다. 윌로우크릭 교회는 이 연구를 통해 성도들의 영적 성장과 관련되어 자신이 세운 가설에 치명적인 오류가 있었음을 고백했다.

그들은 성도의 영적 성장은 교회에서 제공하는 다양한 프로그램과 활동을 바탕으로 이루어진다고 믿고 있었다. '소그룹과 주일 예배, 자원봉사와 같은 활동에 참여율이 높으면 하나님과 이웃에 대한 성도들의 사랑도 더 커진다'라는 생각에 그들은 좋은 프로그램을 만들어 제공하는 일에 온 힘을 기울였다. 그러나 그것이 오류였다. 교회에서 제공하는 프로그램은 영적 성장의 초기 단계에서는 효과가 있었으나 높은 단계로 나아갈수록 영향력이 감소했다.

신화의 붕괴와 다양한 신앙 양태

성도의 영적 성장과 프로그램에 대한 연관성은 아직도 대부분 교회가 가지고 있는 믿음이며 신화다. 다행히도 윌로우크릭 교회는 이후 심도 있는 연구를 통해 교회의 사역을 전면적으로 수정하기에 이른다. 구도자 중심의 주일 예배를 성도들의 신앙 성숙을 위해 바꾸고 수요 예배는 개인의 영적 수준에 맞춰 자신이 원하는 강의를 선택해 듣도록 했다. 소그룹은 모든 사람을 억지로 참여시키는 대신 성도의 삶과 현실에 맞춰 자발적으로 참여하도록 유도하고, 성경을 가까이하며 지역사회를 섬김으로 신앙생활이 교회밖을 향하도록 도왔다.

월로우크릭 교회가 이러한 변화를 추구하고 있는 동안 기성 교회 밖에서는 젊고 모험적인 교회들이 새롭게 등장했다. 그들의 관심은 제도화에 갇힌 전통 교회의 한계와 대형화와 상업주의, 마케팅과 소비주의에 물든 구도자적 교회에 대한 실망으로 교회를 떠난 사람들에게 모아졌다. 특히 1990년대 중반부터 2000년대 초반까지는 교회 됨의 본질을 찾기 위해 몸부림치던 시기였다. 그로 인해 전에 보지 못했던 새로운 형태의 교회들이 등장하기 시작했다. 우선 소그룹 중심의 가정교회 운동이 발생했고, 고대의 영성과 공동체, 선교 정신을 회복하려는 이머징 교회와 선교적 교회도 이 시기에 등장했다. 그리고 이 물줄기들이 합쳐져 새로운 교회 개척 운동이 일어났다.

무엇보다 이러한 교회의 등장은 성도들의 신앙 양태와 성장에 새로운 방향을 제시하는 계기가 됐다. 이들 교회에서는 개인화되고 소비주의화된 신앙생활이 아닌 일상의 삶에 뿌리를 내리고 더 공동체적이며 선교적인 삶을 지향하는 흐름이 형성됐다. 교회의 크기와 형태, 사역의 구성과 흐름은 다르지만 더는 수동적이며 전문가를 의지하는 신앙 형태는 환영받지 못했다. 성도가 중심이 되어 신앙 공동체를 세우고 그들이 함께 지역사회를 섬기는 현장 중심적 신앙 형태가 자리를 잡아가고 있다. 필자는 새롭게 부상하고

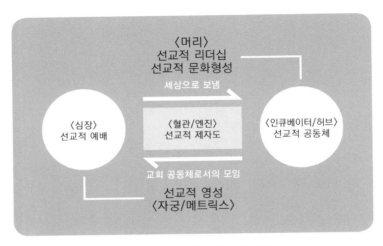

<머리>
선교적 리더십
선교적 문화형성

세상으로 보냄

<심장>
선교적 예배

<혈관/엔진>
선교적 제자도

<인큐베이터/허브>
선교적 공동체

교회 공동체로서의 모임

선교적 영성
<자궁/메트릭스>

<그림 2> 사역의 흐름과 영성 형성

있는 교회들을 연구하면서, <그림 2>와 같은 사역 패러다임과 영성 형성의 패턴을 발견하게 됐다.

이원론적 영성에서 선교적 영성으로

오늘날 교회가 사람들의 비판을 받게 된 주원인은 사회적 공공성을 상실하고 선한 영향력을 잃어 가고 있기 때문이다. 이는 실용주의에 민감한 북미 교회가 직면할 수밖에 없었던 어두운 단면일 것이다. 사실 북미 교회는 세상과 영적 세계를 분리하여 생각하는 이원론적 사고와 탈육신적 접근을 통해 성도의 영적 성숙을 개인적이며 추상적 영역으로 축소 시켰다. 그러나 새롭고 젊은 교회들은 자신의 정체성을 세상 한복판에서 하나님의 부르심과 영광을 위해 살아가는 존재로서 인식했다. 자신이 있는 곳에서 하나님과의 친밀함을 이루고 그곳에서 하나님의 뜻을 실현해 가는 영성을 추구했다. 이를 통해 성도들은 하나님께서 세상을 사랑하신 것처럼 우리도 세상을 사랑하고, 잃어버린 영혼의 구원과 일그러진 세상의 회복을 위해 살고자 하는 소명을 회복할 수 있었다. 하나님 나라에 대한 관점과 영성의 균형이 잡히자 교회는 자신의 사명을 이루기 위해 예배와 제자도, 공동체의 역할과 관계를 새롭게 조명했다.

깊고 체험적이며 참여하는 예배로

성도의 영적 성장에서 예배가 차지하는 비중은 아무리 강조해도 지나치지 않다. 새롭게 부상하는 젊은 교회들은 예배가 다르다. 구도자 교회가 지향했던 가볍고 친근하며 문화적인 예배 대신 그들은 깊고 신비하며 체험적인 예배를 드린다. 대부분 기성 교회의 성도들은 수동적이며 소비자적인 모습을 보이지만 새롭게 부상하고 있는 젊은 교회의 성도들은 예배에 깊이 참여하고 반응하며 그 속에서 하나님의 임재하심을 경험한다.

이들은 쇼핑몰과 같은 교회를 원하지 않는다. 더 깊이 주님을 만나고 성령의 임재 속에서 그분의 뜻에 반응하길 원한다. 이를 위해 하나님의 '임재'와 '반응'이라는 원리에 따라 예배는 매우 간결하다. 찬양과 설교, 성찬과 교제, 파송과 같은 단순한 순서로 예배가 진행된다. 예배 시간도 길다. 어떤 교회는 설교가 1시간이 넘는 경우도 있다. 그러나 그 현장은 많은 젊은이가 노트하고 말씀에 몰입하며 반응하는 모습으로 가득 차 있다. 이러한 예배는 마치 심장이 뛰는 것과 같다. 심장이 새롭고 신선한 피를 공급하면 교회와 성도들이 살아난다. 영적으로 잠자던 영혼들이 일어나 그리스도께 반응하는 일들이 발생하는 것이다.

선교적 제자훈련으로

미국 교회를 연구해 보면 한국 교회보다 단순하면서도 집중력 있는 훈련과정을 보며 놀라게 된다. 전통적인 교회들은 역사만큼이나 많은 프로그램이 돌아간다. 다양한 이름으로 제공되는 성경 공부와 제자훈련, 각종 예배로 인해 성도들은 많은 시간을 교회 내에 머물러야 한다. 반면에 미국의 젊은 교회들은 영적 성장을 위해 기본적이고 핵심적인 소수의 프로그램에 집중하는 경향이 강하다.

몇 가지 예를 들어 보자. 먼저 로스앤젤레스 다운타운에 있는 태피스트리 LA 교회Tapestry LA Church의 경우다. 이 교회의 사역은 세 가지 골격으로 이루어져 있다. 첫 번째는 주일 예배, 두 번째 는 주중 소그룹, 세 번째는 금요일 저녁 제자훈련이다. 가장 단순 한 사역들을 통해서도 급성장을 이루며 건강한 교회로 자리매김 하고 있는 이유는 무엇 때문일까? 그 비밀은 모든 사역이 긴밀히 연결되어 있다는 점에 있다. 목회자 팀에서 주제를 정하고 시리즈 로 주일 말씀을 전하면, 이 말씀을 중심으로 주중 소그룹 모임이 이루어진다. 거기서는 더 깊은 차원의 말씀 연구와 토론이 이루어 지고, 어떻게 자신의 삶에 적용할지를 묻는다. 교회는 이때 일상 의 삶 속에서 실천할 수 있는 지침을 제공하고 구성원들은 한 주 간 이를 적용해 본다. 금요일 모임에서는 소그룹 중심의 제자훈련 이 시행된다.

최근 이 교회는 다음과 같은 네 가지 주제로 제자훈련을 진행했다. 첫 번째는 '하나님을 경험하는 삶Experience God', 두 번째는 '알파Alpha', 세 번째는 '신앙과 직업Faith and Work', 네 번째는 '미션 퍼스펙티브Mission Perspective'이다. 이 모든 과정이 1년 안에 시즌별로 운영되며 초신자가 사역자의 수준으로 올라설 수 있도록 기획되어 있다. 이 훈련의 초점은 성도의 영성 형성spiritual formation에 있다. 하나님과의 관계를 정립한 후 삶의 자리에서 하나님과 동행하며 선교적인 삶을 사는 것이 어떻게 가능한지를 고민하게 만든다. 철저하게 현장 중심적 사고를 하게 만드는 것이다. 물론 이외에도 교회는 필요에 따른 다양한 세미나를 제공한다. 그러나 이러한 프로그램조차도 일상에서의 영적 성장과 선교적 삶을 돕는 것을 목표로 한다.

애틀랜타 조지아에 있는 페리미터 교회Perimeter Church 역시 좋은 예이다. 이 교회는 성도들의 영적 성숙을 돕기 위해 '삶 대 삶 선교적 제자훈련Life on life missional discipleship'이라는 독특한 사역 모델을 만들었다. 본 제자훈련의 특이점은 모든 과정이 서로를 책임지는 소그룹 안에서 자격을 갖춘 후견인과 함께 이루어진다는 점이다. 일반적으로 많은 교회는 제자훈련을 학교 수업과 비슷하게 운영한다. 그러나 페리미터 교회는 기본적으로 3년간의 여정을 함께하며 소그룹 안에서 모든 훈련이 이루어지게 구성했다. 리더훈견인는 소그룹 안에서 멤버 개인의 삶에 맞춰 훈련을 이끈다. 이렇게 양육된 제자는 교회 밖 지역사회로 보내지고 자비와 정의의 활동에 참여하게 된다.

〈그림 3〉에서 보듯 '삶 대 삶 제자도'는 설교와 가르침 중심의 선포적 제자훈련과 교제 중심의 소그룹 모임에 선교와 양육을 결합한 형태다. 설교와 가르침을 통해 신학적 학습을 도모하고 소그룹에서 사랑의 관계를 경험할 뿐 아니라 세상 속에서 선교적 삶을 살아가도록 훈련한다.

<그림 3> 삶 대 삶 제자도

애틀랜타에 위치한 블루프린트 교회Blueprint Church 역시 삶 대 삶 제자도를 통해 영적 성숙을 추구한다. 그런데 이 교회의 삶 대 삶 제자도는 페리미터 교회와는 또 다르다. 담임 목회자와 훈련된 리더들이 집을 오픈하고 5~6명의 사람을 초청해 약 3주간을 함께 지내면서 훈련을 한다. 리더의 삶을 투명하게 보여 주며 제자 삼는 사역을 하는데 놀랍게도 이 과정을 거친 많은 성도가 같은 방식으로 제자 삼는 사역에 동참한다. 이후 훈련을 마친 성도들은 자연스럽게 소그룹 공동체로 연결된다. 거기서 그들은 삶을 나누고 서로를 지지할 뿐 아니라 함께 지역사회를 섬기며 복음을 전하는 사역으로 나아간다.

지역을 섬기는 선교 공동체로

새롭게 부상하는 젊은 교회들은 그들의 신앙 중심을 교회 내부에 국한하지 않고 교회 밖 세상으로 옮겨놓았다. 한국처럼 새벽예배나 수요예배, 혹은 금요예배로 모이는 교회는 많지 않다. 그런데도 그들은 신앙인의 정체성을 지키며 성숙한 삶을 살아간다. 그 원동력은 바로 소그룹 공동체에 있다. 라이프 그룹, 저니 그룹, 셀 그룹, 미셔널 커뮤니티 등 소그룹을 부르는 명칭은 다양하지만, 이들이 추구하는 성격과 목적은 매우 유사하다. 사실, 기성 교회의 소그룹은 성도의 교제와 구성원 관리에 초점이 있다. 그렇지만 새롭게 부상하는 젊은 교회들의 소그룹은 양육과 사역에 더 많은 중점을 둔다. 소그룹 모임을 통해 성도의 신앙 성장과 성숙을 유도하되 그룹원들이 함께 지역을 섬기고 복음을 증거하는 사역 또한 감당한다. 우리는 이러한 공동체를 선교적 공동체missional community라고 부른다.

이러한 교회에 있어 선교적 공동체는 작은 교회와 같다. 주일날 한 번 모이는 전체 모임보다 이들 공동체는 더 자주 만나 삶을 나누며, 이웃을 초청하고, 복음을 증거하며, 지역사회를 섬기는 사역을 감당한다. 실제로 세상을 향한 교회 사역의 상당수는 선교적 공동체를 통해 이루어지고 있다. 그런 관점에서 선교적 공동체는 신앙생활과 복음 전파 사역의 허브Hub 역할을 한다. 새로운 교회에 젊은이들이 모여들고 영적 생기가 발생하는 이유 또한 여기에 있다. 많은 새로운 생명이 소그룹을 통해 잉태되기 때문이다. 그들에게 있어 신앙은 삶이고 삶은 곧 선교라는 인식이 형성되어 있다. 그들이 교회이고, 삶의 자리가 선교지라는 인식을 하고 있기에, 하나님을 향한 사랑은 자연스럽게 지역을 향해, 세상을 향해 흘러간다.

그렇다면 이러한 모임을 가능하게 만드는 요소는 어디에 있을까? 왜 이들은 단순한 소그룹을 넘어 선교적 사역의 허브가 되고 있을까? 거기에는 자발성과 선교라는 두 가지 요소가 있기에 가능하다. 교회가 예수 중심의 신앙 공동체가 되자, 모든 구조와 사역은 예수께서 위임하신 선교 과업을 이루는 데 초점이 맞춰졌다. 모이는 교회에서 흩어지는 교회로 강조점을 옮기되, 훈련받은 성도들을 함께 세상에 보낸다. 혼자서는 사명을 감당할 수 없기에 이들은 공동체로서 세상을 섬길 사역을 찾는다. 이러한 사역이 이루어지고 있는 교회들은 자발적 요소가 매우 강하다. 리더를 중심으로 소그룹이 형성되면, 성도들은 자신이 참여하고 싶은 소그룹에 자발적으로 지원한다. 같은 목적을 가지고 온 성도가 모이기 때문에 교제와 선교 사역이 더 원활하게 이루어진다.

오렌지카운티에 있는 락 하버 교회Rock Harbor Church의 경우, 교회는 주중 소그룹 모임인 라이프그룹을 위해 아무런 자료도 제공하지 않는다. 그들은 단지 그룹을 이끌어갈 리더를 훈련하고 세울 뿐이다. 리더를 중심으로 소그룹이 조성되면 그들은 기도 가운데 한 해의 커리큘럼과 사역을 자체적으로 결정한다. 이들을 통해 전도가 일어나고 캠퍼스 교회가 개척되며 지역사회가 변하는 일들이 발생한다.

텍사스의 오스틴 스톤 커뮤니티 교회Austin Stone Community Church의 경우, 교회는 공동체를 사회봉사 기관과 연결해 주는 역할을 한다. 그러한 기관들을 통해 도시의 필요를 찾고 소그룹들이 동참할 수 있도록 정보와 기회를 제공한다. 그러면 교회에 속한 수백 개의 선교적 공동체는 자신의 소명과 부르심에 따라 도시를 섬긴다.

시애틀의 소마 커뮤니티의 경우는 기존 교회와는 다소 다른 모습을 띠는데, 이들은 애초부터 소그룹 형태로 시작해 여전히 같은 형태를 지향하고 있다. 중요한 것은 계속 분가를 한다는 점이다. 오늘날 소마 커뮤니티는 미국을 넘어 멕시코, 일본까지 확장되었다. 이들의 구조는 단순하지만 단단하다. 자신이 곧 교회라는 인식 속에서 주중에도 계속 연결되고 만남을 유지하면서 이웃을 섬기고 초청해 공동체적으로 복음을 전파한다. 가족과 선교사의 정체성을 가지고 위로는 하나님을 사랑하고up, 내부적으로는 성도들과 하나되고in, 외부적으로 이웃을 섬기는out 사역을 한다.

이러한 예는 오늘날 새롭게 부상하고 있는 젊은 교회들에 있어서는 보편적인 현상이다. 그들은 이전보다 더 참여적이고 유기적으로 연결되며 공동체로서 살아가길 원한다. 하나님의 나라를 지식적 차원으로 아는 것에서 삶으로 살아내고 증명하기를 원한다. 하나님의 관심이 있는 교회 밖을 향해 나가고자 하는 다양한 노력을 기울이며 그들은 함께 성장하고 있다.

선교적 적용

북미의 새로운 교회 운동은 신앙 성장과 성숙의 신선한 안목을 제공해 준다. 편리주의와 개인주의에 함몰된 신앙 패턴을 벗어 던지고 세상 한복판에서 복음이 증거되고 해석될 수 있도록 증인의 삶을 살아가야 한다. 그것이 바로 그들이 성장하고 발전하는 이유이기도 하다. 교회는 세상의 유일한 희망이다. 그러나 현실에 뿌리를 내리지 않는 교회는 진정한 소망이 될 수 없다. 현실에 기반한 선교적 제자 공동체를 통해 한국 교회가 다시금 일어날 수 있기를 기대해 본다.

창의적 사역으로
미래를 맞으라

창의적 사역으로
미래를 맞으라

코로나19 팬데믹은 지난 수십 년간 의심 없이 행해 왔던 성도들의 주일 아침 모습 또한 바꾸어 놓았다. 팬데믹 기간에 어쩔 수 없는 선택이었다 할지라도 이렇게 형성된 습관은 신앙인들의 의식과 삶에 거대한 변혁을 몰고 왔다. 당시의 모습을 떠올리며, 왜 이 경험이 창의적 사역으로 우리를 이끄는지 교회는 어떻게 새로운 미래를 맞아야 할지 고민해 보자.

Scene #1

주일 아침, 여유롭게 식사하고 편안한 복장으로 컴퓨터 모니터 앞에 식구들과 모여 앉아 주일 예배를 드린다. 처음 코로나19 바이러스로 현장 예배가 금지된 후 가정에서 드리는 예배가 어색했지만, 몇 주간 반복하다 보니 이것도 점차 익숙해진 느낌이다. 물론 성도들의 교제와 예배의 역동성이 그립지만, 집에서 드리는 예배가 주는 유익도 있다. 식구가 함께하는 것도, 예배 후 나눔을 갖는 것도 좋다. 혼란스럽다. 교회란 무엇일까? 예배란 무엇일까? 그동안 의심 없이 반복해온 신앙 패턴이 흔들린 후 교회에 대한 여러 생각이 든다.

Scene #2

목회자 입장에서도 마찬가지다. 주일이면 새벽에 일어나 가장 먼저 교회에 가서 성도들을 맞이하고 온종일 여러 사역으로 녹초가 되어 돌아오는 것이 일상이었다. 그랬던 주일날, 녹화된 자신의 설교를 들으며 예배를 드리는 모습이 영 어색하기만 하다. 실시간 예배를 진행할 때도 마찬가지다. 아무도 없는 텅 빈 예배당에서 반응 없는 카메라를 응시하며 말씀을 전하는 일이 쉽지 않다. 과연 성도들은 이런 예배를 드리며 어떤 반응을 하고 있을지가 궁금하다. 순식간에 교회가 마치 작은 방송국처럼 바뀌었다. 주중에도 온라인을 통한 교육과 미팅, 심방을 열심히 해 보지만 축적된 기술과 노하우 없이 하는 일에 한계를 느낀다. 빨리 이 상황이 끝나기를 기다릴 뿐이다. 그러면서 드는 고민이 있다. 앞으로 교회는 어떻게 될 것인가? 코로나19 이후의 교회는 정상화될 수 있을까? 과연 과거와 같은 방법으로 사역이 가능할 것인가?

불과 몇 주 사이에 발생한 사건이었다. 라이프 스타일이 바뀌고, 소통 방식이 바뀌고, 생활을 영위하는 방식이 바뀌었다. 사람과 모임에 대한 두려움이 세상을 휘젓고 이것은 교회와 신앙생활에 대한 근본적 방식을 뒤흔들어 놓았다. 이 사건은 미래의 불확실성만이 확실한 상황 속에서 교회는 무엇을 준비하고 어떻게 반응해야 할지를 묻는 강력한 도전으로 다가왔다.

물론 앞으로 펼쳐질 상황에 대해서는 아무도 모른다. 분명한 점은 '이전처럼은 영원히 돌아갈 수 없다'라는 것이다. 미래는 과거와는 전혀 다른 세상이 될 것이기 때문에 '절대 이전으로 돌아가려 해서는 안 된다'라는 말이 현실이 되어 메아리친다. 그러나 바로 여기에 신앙과 역사적 안목이 필요하다. 하나님께서 역사의 주관자이심을 인정할 수 있다면, 지금 이 위기도 하나님의 섭리 가운데 있으며 이것을 통해 이루고자 하시는 뜻이 있음을 우리는 고백할 수 있다. 실제로 그랬다. 하나님은 언제나 위기를 통해서 역사를 이끌어 오셨고, 시대마다 다른 방식으로 자기의 일을 추구해 오셨다. 그런 맥락에서 보면 오늘의 위기는 또 다른 변화의

시작을 알리는 전조와 같다. 미래로의 여행을 알리는 신호가 시
작된 것이다.

Reset: 교회를 리셋하라

20세기 후반을 지나면서 교회 갱신에 대한 소리가 높았다. 교회
의 역사는 언제나 본질을 잃은 제도와 전통에 대한 저항을 통해
갱신을 이루어 왔지만, 오랜 세월 세상의 중심부에서 특혜를 누리
고 영향력을 발휘해 왔던 교회가 개혁되는 일은 절대 쉽지 않아
보인다. 한국 교회도 마찬가지다. 도시화와 산업화 시대를 지나면
서 성장 일변도의 과정을 통과해 왔던 교회가 원래의 부르심에 맞
는 조직과 사역으로 거듭나자는 주장은 변방의 작은 외침에 지나
지 않았다. 성장이 멈추고 가나안 성도들이 폭발적으로 증가하고,
젊은이와 다음 세대가 사라지는 와중에도 교회는 변하지 않았다.
마치 브레이크 없는 폭주 기관차처럼 방향을 돌리기가 어려웠다.
그런데 브레이크가 걸렸다. 'Stop!' 모든 것을 멈추라는 굉음이 들
렸다. 그리고 순간 모든 것이 멈췄다. 모임도 예배도 사역도 불가
능한 상황이 발생했다. 드디어 때가 왔다. 질주를 멈추고 자신을
되돌아볼 시간이 온 것이다.

여기저기서 "위기가 왔다. 미래가 불투명하다. 빠른 대책을 세워 다시 원래의 자리로 돌아가야 한다"라는 소리가 들렸다. 그런데 이 지점에서 생각해 볼 것이 있다. 무엇이 위기인가? 진짜 위기는 급작스러운 환경의 변화로 사역이 멈춘 것이 아니다. 이미 교회 안에는 생명을 위협하는 치명적 바이러스가 깊숙이 침투해 있었음을 모르고 있었을 뿐이다. 레너드 스윗의 표현대로, 세계는 이미 폭파 직전의 불의 고리Ring of Fire에 놓여 있고 서구 교회는 멸종 위기에 처했었다. 언제부턴가 교회는 재생산 능력을 잃어버렸는데, 이보다 더 심각한 문제는 자신의 질병을 자각하지 못하는 인지 부조화의 현상이다. 가정과 공동체, 교회와 세상에서 신앙의 재생산 능력을 상실했다는 사실 만큼 큰 위기가 있을까? 이대로 가면 자연스럽게 소멸의 길로 갈 수밖에 없을 것이라는 경고를 한국 교회도 심각하게 받아들여야 한다.[3]

하나님의 흔드심은 교회가 자각하게 이끄셨다. 바로 지금이 교회를 새롭게 할 때다. 모든 것을 새롭게 리셋reset할 때다. 과거의 성공 방식을 더는 답습하려 하지 말라. 과거는 지났다. 과거에 유효했던 방식도 끝이 났다. 모든 것을 새롭게 시작해야 한다. 그런 측면에서 지금은 과거와 결별할 때다. 생각해 보라. 이제까지 얼마나 많은 사역이 하나님 중심이 아닌 사람 중심으로 이루어져 왔는가? 얼마나 많은 힘과 재원을 좋은 프로그램을 만들고, 많은 사람을 모으고, 크고 화려한 건물을 세우는 데 사용해 왔는가? 얼마나 많은 관심이 사람들의 필요를 채워주고 불편을 최소화하는 데 집중해 왔는가? 그런 교회에 코로나19 바이러스는 소비주의적이며 편안을 추구하던 기독교 영성에 경종을 울렸다. 정말 중요한 것이 무엇인지, 교회 공동체가 꼭 붙잡아야 할 것이 무엇인지를 발견하게 했다.

결국, 우리가 끝까지 붙잡아야 할 것은 단순하다. 예수 그리스도와 복음, 공동체와 예배, 말씀과 기도, 전도와 선교 같은 가장 본질적인 것만 남는다. 이제는 익숙한 이전 상태로 돌아가려는 복원 모드recovery mode 대신 새로운 출발을 위한 초기화reset 버튼을 눌러야 한다. 원 상태로 돌아가 미래로의 출발을 해야 할 시간이다.

Restart: 다시 시작하라

코로나19 사태가 발생했을 때 교회가 무엇을 했는지를 보면 우선순위가 드러난다. 미국의 경우 셧다운shutdown이 발생한 직후

교회가 최우선으로 한 일은 주일 예배와 멤버 케어에 집중한 것으로 나타났다.[4]

한국 교회도 같은 반응이었다. 위기의 상황에 교회의 가장 기본적 기능인 예배와 성도를 돌보는 사역에 역량을 모으는 것은 당연한 일이다. 그런데 이 과정에서 우리는 놀라운 일을 경험했다. 처음 회중 모임이 중지되었을 때 교회들은 두려움과 당혹감에 휩싸였다. 한 번도 상상해 보지 못했던 상황이 발생했기 때문이다. 그런데 순식간에 교회들이 가정 예배나 온라인 예배로 전환했다. 그중 대다수가 온라인 예배를 드렸고 놀랍게도 이 기간을 잘 견뎌냈다. 미래사회의 키워드가 '적응'과 '창의성'이라는 관점에서 보면[5] 교회의 적응력이 얼마나 대단한지를 실감할 수 있는 대목이었다.

교회는 위기의 상황이 되면 더 강해진다. 앞에서도 언급한 바 있지만, 나심 탈레브의 이론에 비추어 보면 충격이 가해지면 조직이나 생명체는 세 종류의 반응을 한다. 첫 번째는 '프래질'의 상태로 이것은 충격을 받으면 그대로 깨진다. 두 번째는 '로버스트robust'로 불리는 강건한 상태로 충격이 오면 받아들이고 흡수해 현 상태를 유지하거나 원상태로 돌아온다. 세 번째는 '안티프래질'로서 충격이 오면 더 강해진다. 적응을 넘어 변화를 추구하여 오히려 성장의 기회로 삼는다.[6] 교회는 본질상 '안티프래질'의 특성이 있어서

핍박과 고난이 올 때 교회는 더 번성했던 것이다. 전염병과 전쟁의 위협 속에서도 선교적 열정이 식지 않았다. 모두가 'It's time to stop'이라고 말할 때 교회는 'It's time to start'라고 외치는 야성을 지녔다.

한국 교회는 새로운 적응을 기회로 삼아야 한다. 긍정적 측면에서 본다면 하나님은 한국 교회가 새로운 길로 갈 수밖에 없는 문을 여신 것이다. 우리는 지금 갈림길에 서 있다. 새로운 도전을 통과하며 얻게 된 적응과 통찰을 미래 사역으로 연결해 창의적으로 나갈 수 있어야 한다. 다음 시대를 위한 창의적이며 창조적 사역 없이 미래는 없다. 교회는 그것을 위해 기꺼이 모험의 길을 가야만 한다.

Reactivate: 체질을 변화시키라

실제로 코로나19는 교회에 대한 새로운 사고와 상상력을 가능케 했다. 즉, 교회는 건물이 아니며 주일 모임 이상이라는 것을 알게 해 줬다. 물론 이제까지 우리는 수도 없이 이러한 가르침과 설교를 해 왔다. 교회는 건물이 아닌 사람이고 신앙생활은 주일만

이 아닌 나머지 6일의 삶 속에서 지속해야 한다고 말이다. 그렇지만 실제 이것이 행해지는 사역을 하기는 쉽지 않았다. 건물과 주일, 성직자 중심의 전통적 사역 틀 밖에서 교회를 보는 안목이 약해졌기 때문이다.

그러나 이제는 알게 되었다. 교회는 예배당뿐 아니라 성도가 모여 예배하는 모든 곳이요, 성도 자신이 교회라는 사실을 직접 경험하면서 말이다. 집이 교회가 되고 가족이 교회의 최소 단위가 될 수 있다는 것도 체험했다. 성도들은 스스로 신앙을 지키고 가정을 돌보기 위해 주 7일 어디서나 하나님을 예배하고 섬기는 삶이 되어야 함을 알게 되었다. 물론 이것이 기존의 교회 건물과 회중 예배의 중요성을 희석하려는 의미는 결코 아니다. 우리에게는 공동체로서의 교회와 함께 모일 수 있는 거룩한 공간이 필요하다. 중요한 것은 그 속에 국한되었던 신앙의 울타리를 넘어 세상 속에서 일상의 삶을 통한 예배와 섬김, 사역의 가치가 다시 실행되어야 한다는 점이다.

닐 콜은 "교회는 하나님 나라를 세상 사람들에게 보여 주는 곳이 되어야 한다"고 말했다. 교회가 단지 예배만 드리러 가는 곳이 아니라 하나님 나라의 사명을 위해 훈련과 보냄을 실천하기 위해 존재해야 한다는 것이다.[7]

모이는 교회	보냄 받은 교회
안전	민첩
강한 제자도	강한 복음 전파
종합적 사역	특수화된 사역
가시적	영향력
중앙 집권적	분산화

<그림 4> 모이는 교회에서 보냄 받은 교회로 [8)]

미래 교회는 체질 변화가 필요하다. 무엇보다 선교적 사명을 이루기 위해서는 모이는 교회에서 흩어지는 교회로 사역의 중심축이 움직여야 한다. 이를 위해서 더 단순하고 유기적이며 선교적인 구조가 되어야 한다. 코로나19 사태로 대다수의 기업과 비즈니스가 큰 타격을 입었다. 미국의 경우 사태가 장기화하면서 영향을 받지 않은 10%와 성장을 했던 10%를 제외하고 약 80%의 기업과 비즈니스가 휘청거렸다. 변화된 상황 속에서 살아남기 위해서는 새로운 전략과 체질 형성이 절실함을 모두 외치고 있다.

생존을 위해서도 크고 둔감한 교회는 살아남을 수 없다. 작고 민첩한 교회가 되어야 한다. 물론 이것이 교회를 무조건 나누고 분리하자는 말은 아니다. 교회를 구성하고 움직이는 단위를 조정해야 한다는 말이다. 미국에서는 코로나19 바이러스로 인해 교회문이 닫히게 되었을 때 충격을 받지 않고 오히려 더 활발하게 움직인 그룹이 있었다. 그들은 소위 말해 소그룹 단위를 기반으로 세워진 선교적 교회들이었다. 대표적으로 언더그라운드 처치 네트워크Underground Church Network나 마이크로처치Microchurches, 가정교회, 혹은 선교적 공동체로 구성된 교회들이었다. 그들은 원래부터 세상을 위해 존재하며 선교를 목표로 하는 작은 공동체를 지향했기 때문에 타격을 받지 않았다. 오히려 민첩하게 움직이며 세상을 섬기며 복음을 전하기 위해 자신의 역량을 총동원했다. 웹을 기반으로 세미나를 열어 정보와 자료를 공유하고, 서로를 자극하고 창의적 사역을 위해 끊임없이 움직였다. 물론 이런 운동에는 중·대형 교회도 포함되어 있었다. 그러나 그들도 역시 보냄sending과 분산화decentralization를 통한 선교적 소그룹 중심의 체질을 형성하고 있었기 때문에 이 기간을 능동적으로 반응할 수 있었다. 마치 분권화된 조직 구조를 가지고 창의적 대응을 할 수 있는 조직만이 위기 상황에서 자생력과 새로운 개체로 성장할 수 있다는 브라프먼Ori Brafman과 벡스트롬Rod A. Beckstrom의 주장과 같이[9] 미래 교회는 사명 중심의 공동체가 되기 위해 작고 민첩하고 유기적이며 선교적인 구조로 체질을 변화시켜야 한다.

Reimagine: 세상과 함께하라

데이브 기븐스Dave Gibbons는 "교회는 빌딩에 대한 것이 아니다. 그 안에서 무엇이 발생하고 있느냐에 대한 것이다"라고 말했다. 위기와 장소의 문제가 아니라 성령의 신비로운 운동을 따라야 하는 것이 교회의 본질이라는 것이다.[10] 그러므로 교회는 고체가 아니라 주변 환경과 변화에 민감하며 스며들 수 있는 유연성을 가진 액체 교회Liquid Church가 되어야 한다.[11]

코로나19 사태 속에서 확인한 또 하나의 가능성은 어려움 가운데서도 이웃 사랑에 대한 섬김의 노력을 했던 교회가 많았다는 점이다. 교회의 크고 작음을 떠나 자신의 위치에서 관심과 돌봄이 필요한 이웃을 향해 사랑과 섬김의 손길을 펼쳤다. 마스크나 손세정제 등을 모아 이웃을 섬기고, 노약자와 돌봄이 필요한 사람들을 위해 대신 장을 봐주기도 하고, 지역 경제를 살리기 위해 공감 소비 운동을 벌이고, 의료진과 공무원들을 찾아가고, 사회적 약자와 가난한 사람들을 위해 음식 패키지를 만들고 나누어 주는 등 전에 볼 수 없었던 창의적인 사역이 많이 발생했다. 큰 교회는 큰 교회대로, 작은 교회는 작은 교회대로 자신의 자원과 인력을 동원해서 세상을 섬기는 시도를 했다.

필자가 있는 로스앤젤레스에서는 한 교회가 주변에 사는 가난한 히스패닉Hispanic 지역 주민을 찾아가 마스크와 손 세정제, 화장지를 나누는 일을 했다. 이후 그들은 'Korean Angels한국인 천사들'이 자기 동네에 찾아왔다는 소문을 냈다. 어느 교회에서는 이 기간에 최소 운영자금을 뺀 모든 헌금을 이웃을 위해 섬기기로 결정했다. 그러자 계속해서 평상시보다 훨씬 더 많은 헌금이 모이는 일이 발생했다. 그렇게 교회가 교회를 돕고, 내부에 있는 성도를 격려하며, 이웃과 세상의 필요를 채워주자 성도들은 교회에 대해 자부심을 느끼고 세상은 교회를 칭찬하기 시작했다. 교회 됨의 정체성이 세워지고 있었다.

21세기는 세속화secularity 시대다. 20세기 종교의 종말을 고했던 '세속화 이론secularization thesis'은 개인화된 영성spirituality의 부상으로 그 예측이 빗나갔지만, 다원주의에 기반한 세속성은 부인할 수 없는 시대의 새로운 실제로 자리 잡았다.[12]

믿음이 개인의 다양한 선택으로 이해되는 세속화 시대의 진리는 이론과 신학적 우월성에 별 관심이 없다. 오히려 거기에서 나오는 실천이 진리를 입증하는 가장 강력한 수단이 된다. 그렇기에 교회 공동체가 사회적 아픔에 참여하고 그 현장에 함께하는 것은 진리를 표현하는 시대의 언어이다. 바로 그것이 성육신적 사역incarnational ministry의 원리다.

이제는 과거와 같이 이벤트나 프로그램을 통해 많은 사람을 한꺼번에 교회로 끌어들이는 시대는 지났다. 세속화 시대를 살아가는 사람들은 점점 더 교회라는 종교 기관에서 멀어질 것이다. 대신 그들은 곁에서 함께 호흡하며 아픔과 고통에 동참하는 참된 이웃을 기다린다. 그러므로 교회가 어떤 모습으로 사람들을 찾아가느냐가 특히 중요하다. 앞으로 많은 교회가 생존survival 모드로 돌아설 확률이 높다. 물론 실제 생존이 어렵고 힘든 교회가 많다. 그렇지만 자기 생존만을 위해 존재하는 교회라면, 과연 어느 누가 그곳에서 신앙생활을 하려 할 것인가? 교회는 어떠한 상황에서도 생존이 아닌 행동 모드로 나아가야 한다. 세상 사람들이 예측하지 못한 방식으로 사랑과 섬김, 나눔을 통해 다가가야 한다. 더 많은 헌금을 이웃의 필요를 위해 사용할 수 있어야 한다. 베풀되 진심으로 지속해서 줄 수 있어야 한다. 세상의 고통에 참여하며 회복을 위한 진정성을 가지고 말이다.

놀랍게도 슬픔과 상실은 기독교 신앙의 비전과 희망의 거름이 된다. 그것이 그리스도의 십자가와 부활에 담긴 메시지이다. 크리스천의 창조성은 슬픔과 함께 시작된다. 타락한 인류의 아픔에 동참하여 그곳에 하나님 나라의 은혜와 회복을 이루기 위해 행하는 모든 사역이 창조성의 재료가 된다. 다시 말하면 창조성은 세상을 향한 애끓는 사랑 때문에 발생한다. 그 사랑이 공간을 만들고 슬픔과 애도를 넘어 세상을 향한 실천으로 이어진다.[13]

참된 교회는 언제나 그러했다. 사회적으로 약자였을 때에도, 박해와 고난의 순간에도, 전염병이 돌고 생존의 위기가 닥쳤을 때도 언제나 교회는 자신이 아닌 복음을 위해 세상을 섬기고 사랑하는 일을 멈추지 않았다. 그것이 다원주의와 세속화가 지배하던 세계 속에서 초대교회가 하나님 나라의 복음을 바이러스처럼 퍼트릴 수 있었던 원동력이었고, 복음으로 로마를 변화시킬 수 있었던 이유였다. 이 시대의 교회는 의도적이며 성육신적 방식을 통해 이웃 속으로 들어가야 한다. 그 속에서 복음을 보여 주고 살아낼 수 있어야 한다. 세상에서 경험할 수 없는 진정한 공동체, 대항 문화적이며 동시에 대안 사회로서의 역할을 하는 공동체가 될 때 교회는 희망이 있다.

만약 교회가 규모나 프로그램, 이벤트가 아니라면 작은 교회에도 희망이 있지 않을까? 작기 때문에 가능한 친밀성과 관계성을 극대화하고, 개인적 코칭과 멘토링을 통해 그리스도의 제자를 만들며, 우리 공동체만이 할 수 있는 독특한 사역과 사명에 집중할 수 있다면 그때 교회는 작지만 강한 교회가 될 수 있다. 모든 교회가 사명이 있다는 것을 믿는가? 작기 때문에 사명이 없는 교회는 없다. 성도 한 사람 한 사람이 그리스도의 제자요 선교사로 세워진다면, 세상을 향한 사역은 거기서부터 시작된다. 왜냐하면, 우리의 사명은 교회 건물보다 크기 때문이다.[14]

의도적이며 성육신적인 사역을 감당하기 위해 꼭 기억해야 할 것이 있다.

첫째, 더는 큰 교회를 모방하려 하지 말라.

둘째, 의도적으로 우리와 함께하는 이웃에게 들어야 한다.

셋째, 모든 것을 해야 한다는 중압감에서 벗어나라.

넷째, 우리는 우리가 할 수 있는 어떤 것을 하되 이웃의 필요와 내부적 자원이 만나는 것을 실시한다.

다섯째, 자선적 교회가 되어야 한다. 이를 위해 교회는 세상의 변화와 필요에 항상 열려 있어야 한다.

문제가 무엇인지, 이웃이 필요로 하는 것이 무엇인지, 그리고 우리가 무엇을 할 수 있는지를 통해 하나님의 이끄심을 찾고 순종할 때 교회는 성육신적 사역을 감당하게 된다.

Recreate: 온라인 사역, 선택이 아니라 필수다

코로나19를 통과하면서 교회가 경험한 가장 극적인 변화는 온라인 사역이었다. 주일 예배를 유튜브나 줌으로 대체하면서 목회자나 성도 모두 예배에 대해 새로운 경험을 하게 되었다. 물론 이러한 경험이 앞으로 교회에서 예배드리는 것에 대한 중요성과 가치를 훼손시킬 수 있다는 염려로 부정적 인식을 줄 수도 있지만, 이미 경험된 예배를 완전히 지우는 것은 사실상 불가능하다. 오히려 미래 사역을 위해서는 온라인 사역을 적극적으로 활용하는 편이 옳다. 물론 온라인 예배나 훈련, 미팅이 오프라인 사역을 완전히 대신할 순 없다. 그렇지만 온라인 사역은 차선이 아니라 이 시대 사역의 필수적인 방법이다.

지방에서 목회하는 한 목사님과 통화했을 때 들은 이야기이다. 바쁜 일상생활로 인해 평소에는 주중 모임에 거의 참여할 수 없는 성도들과 이제는 온라인을 통해 자유롭게 훈련하고 있다고 한다. 성도의 상황과 시간에 맞춰 언제 어디서나 만날 수 있기에 더 많은 사람과 자유롭게 사역할 수 있다는 것이다.

사실 이제까지 교회의 모든 사역은 장소와 시간의 문제로 인해 제한이 많았다. 주중 사역이 위축되고 있을 때 온라인 사역은 새로운 문을 열어 주었다. 아무리 작은 교회라 할지라도 줌이나 행아웃hangout, 메신저messenger 등을 통해 제자훈련과 성경 공부, 양육 등을 할 수 있다. 페이스북이나 인스타그램, 카카오톡 등을 통해 언제든 연결이 가능하다. 유튜브나 홈페이지를 통해 콘텐츠를 만들고 누구와도 공유할 수 있다. 비용과 기술의 장벽이 낮아지면서 이제는 누구나 참여할 수 있는 영역이 되었다. 코로나19 사태가 아니었다면 불가능했을 일이 현실화된 것이다.

온라인 사역은 이렇게 교회 내부의 성도들을 위해서 뿐만 아니라 선교적인 차원에서도 반드시 활용되어야 한다. 4차 산업혁명이 시작되면서 세상의 언어가 디지털로 바뀌고 있다. 이제는 초연결 사회다. 데이터 혁명을 통해 끊임없는 연결과 공유가 이루어지고 있고, 인공지능과 빅데이터, 사물인터넷Internet of Things, IoT 등 전혀 다른 차원의 삶이 펼쳐지면서 사람들의 사고와 라이프 스타일도 급격히 변하고 있다.

그 결과가 매우 두렵다. 단적인 예가 밀레니얼 세대의 등장과 함께 나타난 종교의 흐름이다. 현재 북미와 유럽의 경우 가장 빠르게 성장하고 있는 종교 그룹은 'None'이라고 불리는 사람들이다.

아이러니하게도 이들은 종교에 무관심한 사람들이다. 숫자로 본다면 여기에 속한 사람들이 북미와 유럽 대부분 지역에서 두 번째로 큰 종교 그룹을 이룬다. 지난 10년 동안 미국에서는 'None'에 속한 사람들이 천주교, 주류 개신교, 비기독교 신앙인들의 수를 추월했다. 한 마디로 종교에 무관심한 사람들이 급속도로 늘어나는 중이다. 젊고 어릴수록 종교에 관심이 없다. 이들을 종교로부터 앗아간 곳은 어딜까? 바로 가상공간이라는 온라인 세계다. 인터넷에서 이루어지는 모든 활동과 커뮤니티는 24시간 동안 생각과 삶을 지배한다. 따라서 이들에 대한 선교적 대응 없이 교회의 미래를 논하는 것은 불가능하다.

그런데 이들로부터 놀라운 반응이 일어나기 시작했다. 코로나19 바이러스로 인한 공포가 퍼져가면서 희망과 기도, 신앙과 같은 주제에 관심이 폭발적으로 늘었다. '빌리그래함전도협회BGEA'의 경우, 코로나19 발생 후 첫 한 달 동안 웹사이트를 방문한 사람이 17만 3천 명에 이르렀고, 그중 1만 명 이상이 예수를 믿겠다는 결단을 했다. '글로벌미디어아웃리치GMO'나 'Cru', 'InterVarsity'의 온라인 사역 역시 유사한 상황이었다. 이와 같은 현상에 대해 에드 스테처Ed Stetzer는 "역사적으로 우리는 발과 대면 방식을 통해 행하는 복음 전도를 늘 생각해 왔다. 그러나 21세기 사람들은 전자

와 아바타가 포함될 수 있는 것도 괜찮다고 느낀다"라고 말했다.[15]

온라인 사역에 많은 노력을 기울여 온 교회들도 비슷한 열매를 거두고 있다. 캘리포니아에 있는 하베스트 크리스천 펠로우십 교회Harvest Christian Fellowship의 그렉 로리Greg Laurie는 온라인을 통한 디지털 예배가 새로운 부흥의 채널이 될 수 있다고 주장한다. 코로나19로 예배 참석이 금지된 첫 주일, 무려 25만 명이 하베스트 크리스천 펠로우십 교회의 온라인 예배에 참석했다. 그것은 서막에 불과했다. 한 달이 지난 2020년 4월 말에는 100만 명 이상이 참석했는데 이는 지역과 국경을 넘어 발생한 사건이었다. 더욱더 놀라운 것은 18세에서 35세 사이에 속한 밀레니얼 세대의 참여도가 한 달 사이에 235%나 증가하였다는 사실이다. 생각해 보라. 이 세대에 속한 사람들은 하루에 2,617번 전화기를 만지고, 그중 84%의 사람들은 핸드폰 없이 하루도 지낼 수 없는 새로운 부족new tribe이다.[16] 그런 그들이 두려움과 공포 속에서 공허감을 느낄 때 영적 안내자를 찾는다. 누가 무엇으로 어떻게 채워줄 수 있을 것인가.

교회가 더 적극적으로 준비해야 한다. 교회가 선교에 대해 눈을 떠야 한다. 지금은 온라인과 미디어를 통해 전 세계에 연결될 수 있고 복음을 증거할 수 있다. 선교의 혁명이 일어나는 중이다. 그런 차원에서 온라인 사역은 도전이며 동시에 엄청난 기회다. 물론 여기에는 과제도 많다. 온라인을 통해 어떻게 연결될 것이며 그들은 또 어떻게 공동체를 경험할 것인가. 콘텐츠의 전달이 아닌 상호 교류와 관계 형성을 통해 더 깊은 관계로 나아가기 위한 방법이 필요하다. 여기서도 본질은 기술이 아닌 관계이기 때문이다.

물론 모든 교회가 온라인 사역을 통해 이런 결과를 만들 수는 없다. 모두가 유튜버가 되거나 SNS를 붙잡고 씨름할 필요도 없다. 그러나 교회가 세상을 찾아가고 믿지 않는 자들과 다음 세대에게 복음을 증거하기 위해 이 영역은 반드시 함께 나아가야 할 영역임을 기억해야 한다.

선교적 적용

알렌 락스버러Alan J. Roxburgh는 지난 50년간 기독교 중심 세계관과 문화의 와해 가운데 있는 유럽과 북미 교회를 향해 다음과 같이 말했다. "하나님은 이 붕괴를 사용하셔서 교회로 하여금 자신이 누구이며, 하나님이 그들 가운데서 무엇을 이루고자 하시는가에 대한 기본적 상상력을 바꾸라고 초대하신다."[17] 위기는 두려움을 조장한다. 그러나 그 이면에는 자신을 뒤돌아볼 기회와 새로운 미래를 향한 상상력도 갖게 해 준다. 코로나19가 교회에 던진 화두 또한 마찬가지다. 하나님은 한 번도 경험해 보지 못한 전 세계적 팬데믹을 통해 시대에 대한 경각심을 주셨고 새로운 출발을 명하셨다.

시대가 바뀌었다. 이제 사역의 혁명이 필요하다. 이제까지 몸에 지녀왔던 익숙한 방식을 내려놓고 새롭고 창조적인 방식을 찾아 나서자. 그러나 그것은 세상의 변화를 따라 또다시 몸에 맞지 않는 옷으로 갈아입는 방식이 아닌, 이미 2천 년 전 예수께서 보여 주셨던 하나님 나라의 방식, 즉 세상을 사랑하되 세상과 같지 아니하며, 약하고 가난하고 소외된 자들을 품고 무조건적인 사랑과 섬김으로 대안 공동체를 만들며, 이 땅에서 혹은 사이버 세계에서 경험할 수 없는 진정한 관계를 맺는 아주 오래된 그 길을 가는 것이리라. 본질은 같되 형식은 혁신적인 변화의 길을 가야 한다. 그것이 21세기 코로나19 이후를 살아가는 교회의 길이요, 시대적 사명임을 기억하고 하나님을 위한 창조적이며 모험적 목회가 이루어질 수 있기를 간절히 소원해 본다.

뉴노멀 시대의
교회론을 정비하라

뉴노멀 시대의
교회론을 정비하라

CHAPTER·19

급격한 변동의 시대, 교회가 변해야 한다는 당위성에 대해 반론을 제기하는 사람은 없다. 그러나 어디에서부터 무엇을 바꿔야 할지에 대해서는 너무나도 혼란스럽다. 본 챕터에서는 뉴노멀 시대 교회는 어디를 향해 가야 할지, 그 변화는 무엇에 기반해야 할지 살펴보고자 한다.

먼저, 교회 전문가 에드 스테처의 말에 귀를 기울여 보자.

"많은 사람은 교회가 예전으로 돌아가지 못할 것 때문에 걱정한다. 어떤 이는 큰 교회도 같은 운명일 것이라고 말한다. 그러나 나는 교회가 다시 예전과 같이 될까 봐 그것이 걱정이다."[18]

　문제는 시대가 바뀌었어도 과거로 돌아가려는 관성, 과거 영광에 머물려는 태도를 떨쳐 버리기는 쉽지 않다는 점이다. 코로나19 팬데믹은 그런 교회가 변화를 추구해야 하는, 아니 추구할 수밖에 없는 기회를 제공했다. 그렇기에 지금이야말로 변화를 위한 최적의 시간이다. 제도와 형식에 묶여 있던 교회가 새롭게 일어날 기회를 붙잡아야 한다. 교회론을 정비하고 새로운 도전과 모험으로 나아갈 채비를 하자.

뉴노멀 시대 위기의 교회론

　코로나19를 통해 교회는 우리의 수준과 민낯을 다시금 마주하게 되었다. 매 주일, 혹은 일주일에도 몇 번씩 교회에 나와 예배를 드리고 다양한 활동에 참여해 오던 신앙생활이 불가능해지자 당장 성도와 헌금이 줄기 시작했다. 주일 예배가 재개된 이후 출석 회복률이 50~60%에 머물고 30~40대 층이 대거 이탈했다는 소식, 코로나19가 종식되어도 20~30%의 성도와 헌금이 줄어들 거라는 예상이 주를 이룬다. 세상의 시선 또한 그렇다. 코로나19 이후 교회에 대한 의식 조사를 했을 때 무려 70%의 사람들이 부정적 감정이 생겼다고 대답했다. 그야말로 더는 나빠질 수가 없는 상황이다.

그렇지만 역사적으로 교회는 언제나 위기 가운데 존재해 왔다. 교회는 위기로부터 탄생했고 위기 속에서 성장했으며 위기로 인해 확장되었다. 전염병 역시 마찬가지였다. 초기 로마 시대에 불어닥친 두 번의 치명적 역병이나 6세기와 중세 시대의 흑사병은 국가와 제국의 존립 자체를 흔들 정도로 엄청난 사망자를 냈다. 기존 제도는 무력화됐고 가치관과 세계관도 뒤바뀌었다. 교회 또한 그 여파를 피하지 못했다. 그런데 그 엄청난 위기 속에서 놀랍게도 교회는 사라지지 않았다. 오히려 이 기간에 부흥과 갱신을 경험하기도 했다. 사회학자 로드니 스타크Rodney Stark의 『기독교의 발흥』에서 보듯 전염병 속의 초기 기독교 공동체는 마치 이때를 위해 준비된 예비 부대처럼 행동했다. 그는 당시 기록을 기반으로 이런 놀라운 사실들을 기술했다.

- 기독교는 왜 인류가 끔찍한 시대에 봉착하게 되었는지 만족스러운 해명을 제시했고 희망찬, 때로는 활력적인 미래상을 제시했다.
- 초기부터 기독교의 사랑과 선행의 가치관은 사회봉사와 공동

체 결속으로 현실화했다. 재앙이 닥쳤을 때 기독교인은 더 훌륭하게 대처했고 그 결과는 '월등히 높은 생존율'이었다.

■ 기독교인의 생존율이 눈에 띌 만큼 월등하다는 사실은 기독교인이나 이교도 모두에게 '기적'으로 비추어졌을 것이고, 이는 개종에도 영향을 미쳤을 것이다.[19]

물론 거대한 자연재해나 사회적 재앙이 항상 신앙의 부흥으로 이어진 것은 아니다. 종교가 재앙에 대해 흡족할 만한 답을 주지 못했거나 재앙 앞에서 무익하다는 인상을 줄 때 종교는 치명적인 위험에 처했다.[20] 코로나19가 한국 교회에 던지는 질문 역시 같은 맥락이 아닐까? 삶의 토대가 뒤흔들리는 상황 속에서 교회가 만족할 만한 반응과 대답을 주지 못했기에 오늘의 위기는 더 깊게 다가온다.

Being: 본질은 강하고 철저하게

뉴노멀 시대의 교회론은 성경적이고 복음적인 기초 위에 철저하게 자신의 존재를 성찰하는 것으로부터 시작해야 한다. 교회는 인간의 조직이 아니다. 교회는 오직 성령에 의해 태어나고 유지되고 움직이는 하나님 나라 백성의 공동체이다. 그러므로 교회는 오직 하나님의 통치와 다스림을 받는다. 그렇게 형성된 특성과 사명이 결합 될 때 교회는 진정한 교회가 된다. 다음의 그림을 보자.

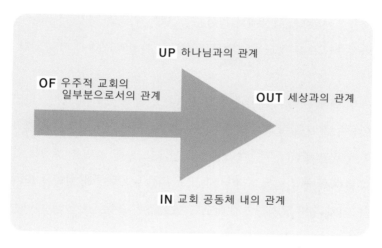

<그림 5> 교회의 본질을 형성하는 네 가지 관계[21]

본질에 강한 교회가 되기 위해서는 예수 그리스도를 중심으로 네 가지 차원의 관계성이 확립되어야 한다.

첫 번째, 'UP' 하나님과의 관계이다. 교회는 그의 백성 안에 거하시는 하나님의 임재와 내주함indwelling에 의해 형성된다. 삼위일체 하나님을 경험하고 그의 영광에 참여함을 통해 성도와 교회는 정체성과 목적을 발견하고 그분의 뜻을 추구하게 된다.

두 번째, 'IN' 교회 공동체 내의 관계 형성이다. 그리스도로 인해 부름을 받은 성도들은 교회라는 울타리에서 서로 사랑을 나누고 세움을 입는다. 세상에서 경험할 수 없는 위로와 격려, 용서와 평화를 누림으로 성도들은 비로소 부르신 사명의 자리에 서게 된다.

세 번째, 'OUT' 세상과의 관계이다. 진정한 교회는 그리스도의 이름으로 모인 구별된 공동체이지만, 세상을 향한 섬김의 사명과 함께 온전해진다. 즉, 하나님과의 관계를 통해 사명을 발견하고, 공동체 안에서 회복을 경험한 성도들이 세상을 향해 보냄을 받는다. 마치 성령을 경험한 초대교회 성도들이 핍박으로 인해 흩어진 가운데서도 복음을 전하고 교회를 세워나갔던 것처럼, 온전한 그리스도의 제자들은 세상을 섬기고 사랑하고 회복하는 사명을 자신의 것으로 받아들인다.

네 번째, 'OF' 보편적인 교회의 한 부분part으로서 하나님 나라Kingdom의 가치를 가진 교회와의 관계이다. 모든 지역교회는 우주적 교회의 일부분이며 동시에 다양한 장소에서 구체적으로 존재하는 전체 교회이다.[22] 여기서 우리는 하나님 나라를 위해 존재하는 지역교회의 의미와 연합하는 교회의 모습을 발견한다. 교회는 각자의 생존을 위해서 존재하지 않는다. 교회는 잃어버린 영혼과 세상을 구속하고자 하시는 하나님의 선교missio dei에 참여하기 위해 존재한다.

이렇듯 교회는 하나님과의 관계, 성도와의 관계, 세상과의 관계, 다른 교회와의 관계를 통해 형성되며 운동력을 가진다. 예수의 이름으로 두세 사람이 모인 그곳이 교회라는 사상마 18:20, 즉 '우리가 교회다'라는 신념이 왜 중요한가? 미로슬라브 볼프Miroslav Volf의 말처럼 '하나님의 다스림 없는 교회도 없고, 교회 없는 하나님의 다스림도 없기 때문'이다.[23] 교회가 있기에 하나님의 통치가 가시화된다. 그리고 그것은 세상에서 존재being하는 성도의 삶doing을 통해 드러난다. 일상의 지평 안에서 말씀을 살아내는 성도와 공동체의 삶, 그것이 바로 교회의 본질을 드러내는 지표가 된다.

Doing: 변화는 빠르고 창조적으로

뉴노멀 시대를 맞이하면서 교회가 직면한 가장 큰 고민은 정답이 보이질 않는다는 점이다. 사회의 변화는 과히 광속과 같다.

생각해 보면, '비대면'이라는 용어가 생긴지 불과 몇 달 만에 재택 근무나 온라인 교육, 원격 조정, 온라인 쇼핑, 전자 상거래 같은 기술들이 삶 속 깊이 자리 잡았다. 미래학자 제이슨 솅커Jason Schenker의 표현을 빌리면, '어쩌면 언젠가'라고 기대했던 일들이 '이제 곧'을 넘어 현실화되었다.[24] 어떻게 변화에 대응할 것인가? 빠르고 창조적으로 대응해야 한다.

사실상 이 변화에 합류할 수 있는 대상은 많지 않을 수 있다. 그에 따른 대가를 치러야 할 수도 있다. 그러나 하나님은 언제나 믿음을 가지고 도전하는 창조적 소수를 통해 역사를 만드셨다. 지금 하나님은 그 현장으로 우리를 초청하고 계신다. 긴장되지 않는가? 새로운 모험을 하기 전 설레는 마음과 더불어 찾아오는 떨림을 즐기자. 그렇다면 이제 어떻게 대응할 것인가?

첫 번째, 시대를 읽고 창조적으로 대처하기 위해서는 몸을 가볍게 해야 한다. 갱신의 원동력은 단순함simplicity과 본질essence에 있다. 기업 변화 전문가인 리사 보델Lisa Bodell은 기업을 살리고 싶다면 "먼저 회사를 죽이라"고 말한다.[25] 건강한 내부 변혁 없이 외적 혁신이 불가능하다는 말이다. 교회의 몸을 어떻게 가볍게 할 수 있을까? 그것은 예수의 복음으로 돌아가 사명에 초점을 맞추고 비본질적인 제도와 형식, 구조를 과감하게 내려놓는 것을 의미

한다. 모든 것을 재점검하여 포기할 준비가 되었을 때 교회는 성령께서 이끄시는 모험의 단계로 나아갈 수 있다.

두 번째, 교회 중심에서 왕국하나님 나라, Kingdom 중심으로 사역을 전환해야 한다. 존재 이유와 목적이 분명해지면 사역을 평가하는 기준scorecards도 달라진다. 이제까지 평가의 기준이었던 건물, 예산, 성도 수로부터 탈출해야 한다. 팀 켈러Tim Keller는 하나님 나라를 위해 교회가 역사 속에서 행해 온 두 가지 상반된 오류인 "기독교 사회를 재창조하려고 노력했던 것중세 기독교 국가의 실수과 사회에서 물러나 '영적 영역'에 머무르는 것근대성의 실수을 피하고, 이제는 공적 영역에서 선지자적 목소리를 가지고 자율적 이성과 그 결과의 우상들에 도전하는 법을 배워야 한다"라고 주창했다.[26] 하나님의 나라는 어둡고 죄로 가득한 세상 속에서 이루어진다. 그 사역을 위해 교회는 보냄을 받았다. 세상 속에서 이루어지는 하나님 나라에 대한 꿈을 꿔야 한다.

세 번째, 성도들이 삶의 자리에서 선교적 사명을 감당하는 사역의 주체가 되게 하라. 뉴노멀 시대를 맞이하면서 우리는 흩어진 성도들의 현실과 문제 그리고 한계를 알게 되었다. 이는 건물 중심, 주일 중심, 성직자 중심의 사역이 가져온 필연적 결과였다. 사실 지금까지의 사역은 성도들의 능력과 자원을 100% 발휘할 수 있도록 하는 구조가 아니었다. 오히려 그들의 잠재력을 묻어두는 구조였다. 앨런 허쉬는 그런 관점에서 사역의 다양한 시도에도 불구하고 우리가 얼마나 수동적인 성도를 만들어 왔는지를 다음과 같은 그림으로 묘사했다.

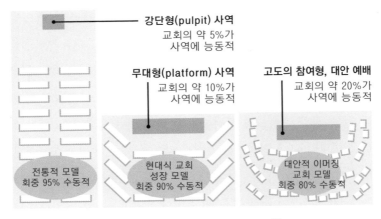

강단형(pulpit) 사역
교회의 약 5%가
사역에 능동적

무대형(platform) 사역
교회의 약 10%가
사역에 능동적

고도의 참여형, 대안 예배
교회의 약 20%가
사역에 능동적

전통적 모델
회중 95% 수동적

현대식 교회
성장 모델
회중 90% 수동적

대안적 이머징
교회 모델
회중 80% 수동적

<그림 6> 교회 모델과 성도의 역동성[27)]

전통적 모델95%이나 현대식 교회 성장 모델90%, 이후 대안적 이머징 교회 모델80% 역시 정도의 차이는 있지만 대부분 건물 중심

의 성도를 만드는 일이 우선이었다. 이제는 일상 중심, 일터 중심, 성도 중심이 되어야 한다. 세상 속 성도들이 제사장과 선교사로 살도록 사역의 중심축을 바꿔야 한다.

네 번째, 성도들이 세상 한복판에서 제사장과 선교사로 살아갈 수 있는 생태계를 조성해야 한다. 예수 그리스도를 믿는 모든 성도는 그리스도의 제자이며 보냄 받은 선교사들이다. 뉴노멀 시대에 복음을 전파할 수 있는 유일한 방법은 성도들이 삶의 자리에서 선교적 삶을 사는 것뿐이다. 초대교회 성도들과 같이 복음을 위해 생명을 걸 수 있는 담대함과 용기, 지혜와 선행이 있는 사람들이 나와야 한다. 그들이 서로 연결되어 공동체를 형성하며 믿지 않는 자들을 향해 복음을 전파하고 끊임없는 재생산을 이루어 확장되는 운동이 발생해야 한다.

그 중심에 선교적 소그룹 혹은 선교적 공동체가 있다. 필자는 소그룹 중심의 사역이 시대의 흐름과도 부합한다고 믿는다. 현대 사회의 가장 중요한 키워드 중의 하나는 안전security이다. 사람들은 이제 안전이 담보되지 않는 집회나 모임에는 참여하지 않을 것이다. 과거와 같이 대형 집회나 모임이 어려워질 수밖에 없는 이유가 여기에 있다. 대신 친밀한 사람들과 모임, 믿을 수 있는 사람들과 접촉이 그만큼 더 중요해졌다. 미래 사회가 될수록 만남과 진실한 관계에 대한 목마름은 커질 것이다. 그렇기에 소그룹이 중요하다.

교회의 모임 자체도 그렇지만, 세상 속 관계 또한 안전이 보장된 믿을 수 있는 사람들과의 모임을 선호할 것이다. 삶과 고민, 여가와 흥미를 나눌 수 있는 대상이 필요할 때 소그룹 공동체가 그런 통로가 될 수 있다. 그런 측면에서 앞으로의 교회 소그룹은 훨씬 더 창의적이고 생활 밀착형 선교적 공동체가 될 필요가 있다. 예를 들면, 상처가 있는 사람들을 위한 회복 그룹recovery groups이나 자기 개발, 운동, 취미 등 일상 속 관심사를 중심으로 만날 수 있는 소그룹interest groups 등이 그러한 역할을 할 수 있다. 당연히 모든 그룹은 성도들이 주체가 되어 자발적으로 만들고 운영하되 분명한 선교적 목적을 가져야 한다. 선교적 공동체의 세 가지 원리를 기억하자.

- 공동체community: 일상에서 연결되어 삶을 나누며 성도의 공동체적 여정을 함께 한다.
- 가시성visibility: 이 그룹은 단지 성경 공부나 기도를 위한 모임이 아니다. 예수 그리스도를 알고 보여 주기 위해 이웃들과 의도적으로 함께 한다.

- 활동activity: 공동체로서 그리스도의 사랑과 복음 전도 사역을
  실천적으로 감당한다.[28]

일상이 예배의 장소가 되고 선교 현장이라는 사실을 인식할 때,
성도들은 한 단계 더 높은 차원의 의식과 결단을 내리게 된다.

제사장과 선교사로서의 정체성을 가진 성도들이 나오고, 그들
이 세상 속에서 복음 전파의 사명을 감당하는 선교적 공동체를
만들고, 그것이 재생산으로 이어져 확산하여 가는 모습을 상상
해 보라. 그것이야말로 성경이 보여 주는 선교적 교회의 모습이
다. 그러나 이러한 교회가 되기 위해서는 사역 방식의 업사이드
다운upside down이 발생해야 한다. 다음의 그림을 보자.

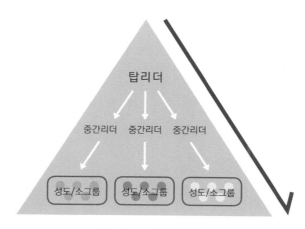

<그림 7> Top-Down의 전통적 구조

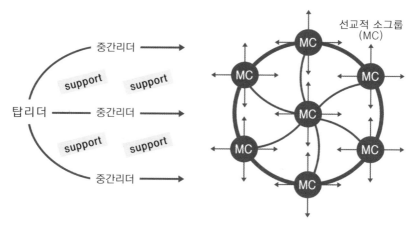

선교적 소그룹
(MC)

중간리더

support   support

탑리더 ——— 중간리더

support   support

중간리더

MC

<그림 8> 소그룹 중심의 유기적 구조 [29)]

　　크리스텐돔 사상에 영향을 받은 전통적 사역 구조는 소수의 리
더와 사역자들이 중심이었다. 물론 여기에는 단일한 목적을 가지
고 일사불란하게 움직이는 장점이 있다. 그러나 성도 중심의 생태
계를 조성하기를 원한다면 리더의 책무는 디자이너와 지원자의
역할로 바뀌어야 한다. 일상의 교회는 세상 속에 흩어져 있다. 선
교적 소그룹 혹은 공동체로 불리는 교회는 소수의 성도가 서로
연결되어 있고 선교적 사명을 위해 헌신한다. 그들로 인해 복음이
전파되고 믿지 않는 자들이 이 공동체에 유입된다. 주일 예배는
이러한 공동체들의 연합 모임이며 축제이다. 모이는 교회와 흩어
지는 교회의 역동성은 이렇게 발생한다. 성도를 통해 교회는 세상

에 침투하고 그곳에서 성육신적이며 생활 밀착적인 접근을 통해 선교적인 사명을 감당한다.

다섯 번째, 디지털과 온라인을 통해 선교적 역량을 강화해야 한다. 물론 온라인 자체가 비대면 시대의 완벽한 대안은 아니다. 그러나 모든 기업이 '디지털 트랜스포메이션digital transformation'을 외치고 많은 사람이 가상 세계에서 엄청난 시간을 보내고 있는 이때 온라인 사역은 더는 선택사항이 아니다. 생각해 보라. 온라인과 디지털은 모든 벽을 허문다. 시간과 공간, 문화와 세대, 언어와 관습의 벽을 넘어 누구와도 접촉할 수 있는 통로가 온라인이다. 게다가 지금은 1인 미디어 시대다. 누구나 콘텐츠 크리에이터가 될 수 있고 방송을 할 수 있다. 얼마나 좋은 콘텐츠를 만드느냐에 따라 영향력은 수십 배, 수백 배로 확장될 수 있다.

얼마 전 한 교회에 방문했을 때 일이다. 100여 명 정도의 성인 성도들이 모이는 교회 담임목사 실에 들어갔을 때, 사무실이 1인 방송국으로 바뀌어 있는 것을 보고 깜짝 놀랐다. 그 목회자는 코로나19가 시작되고 나서 유튜브 사역을 시작했다. 일주일에 무려 여섯 개의 콘텐츠를 만드는데, 예배, 성경 공부, 영성 훈련, 교육, 성도들과 비신자들이 궁금해하는 주제들을 수준 높게 만들어 유튜브에 올린다. 최소의 인원으로 양질의 콘텐츠를 만들어 꾸준히 소통하자 반응이 나타났다. 교회의 기존 성도들뿐 아니라 타지역에 있는 사람들까지 반응하기 시작했고 이제는 타지역에 있는 성도까지 포함한 온라인 교구가 만들어져 사역의 지경이 훨씬 넓어졌다. 어쩌면 평생 제한된 성도들만 대상으로 사역해야 할 수도 있는 상황에서 확장성과 영향력이 전 세계로 퍼지는 일이 발생했다. 바로 디지털과 온라인이 있기에 가능한 일이다.

온라인과 디지털은 교회의 경계를 허물고 연합할 수 있는 장을 제공한다. 미국의 라잇나우 미디어RightNow Media나 크레이그 그로쉘이 이끄는 미국 최대 온라인 교회인 라이프 교회Life.Church의 경우에는 타 교회를 위한 디지털 플랫폼을 구축했다. 다양한 콘텐츠들이 생성되고 공유될 수 있는 발판이 제공되자 교회들이 서로 연합하고 상생할 수 있는 광장 역할까지 하게 되었다. 이곳에서 교회들은 서로의 필요와 자원을 나눈다. 그렇게 만들어진 콘텐츠는 선교지의 약한 교회를 돕고 아시아와 아프리카, 중동과 남미, 아마존에 이르기까지 순식간에 도달한다. 디지털이 선교적 도구가 된 좋은 예이다.

여섯 번째, 교회는 세상을 감동하게 하는 공동체가 되어야 한다. 연약하고 약한 자를 사랑하고 돌보는 것은 교회의 사명이다. 그것이 또한 교회를 살리는 길이다. 필자는 최근 「아웃리치 매거진Outreach Magazine」을 보고 크게 감동하였다. 거기에 여러 교회가 팬데믹 기간에 실천했던 일들이 소개되어 있었는데, 매우 실제적이고 피부에 와닿는 사례들이 기록되어 있었다. 예를 들면 이런 것들이다.

- 일주일에 세 번씩 이웃을 위해 음식을 나누어 주었다.
- 노숙자를 위한 세탁과 샤워를 할 수 있는 트레일러를 설치했다.
- 지역 상권을 위해 1백만 불의 선물 카드를 사서 나누었다.
- 지역 병원의 의료 봉사자들을 위해 보호 장비를 제공했다.
- 지역의 호텔을 개조해 쉘터shelter를 제공했다.
- 가난한 이웃을 위해 식당에서 식사를 사서 배달했다.
- 마스크를 만들어 초동 대응 요원들에게 전달했다.
- 의사와 간호사들을 찾아가 기도해 주고 환호를 해 주며 응원했다.
- 이웃을 위해 코로나19 응급 대응 키트와 식량 패키지를 만들어 전달했다.
- 성도들이 코로나19로 수술을 해야 하는 환자를 위해 헌혈에

참여했다.

- 지역의 작은 교회들을 위해 온라인 비디오와 라이브 스트리밍 강의를 열었다.
- 지역 공동체를 돕기 위한 온라인 소통 프로그램 훈련했다.
- 교회 건물과 운동장을 졸업식과 공적 활동을 위해 제공했다.
- 홈페이지에 도움이 필요한 사람과 도움을 줄 수 있는 사람들이 소통할 수 있는 공간을 만들고 활용했다.
- 코로나19에 걸린 고립된 이웃에게 필요한 음식과 용품을 제공하는 서비스를 시작했다.
- 재난에 대응할 수 있는 팀을 만들고 빠르게 대응했다.

이 외에도 많은 이야기가 있었다. 한국 역시 이웃을 위해 섬김의 사역을 하는 교회가 많다. 그러나 더 풍성해져야 한다. 교회가 세상에 존재하는 이유를 스스로 입증할 수 있어야 한다. 그때 사람들은 교회를 향해 고개를 끄덕이며 우리의 손을 붙잡을 것이다.

새로운 시대를 맞이하는 교회의 모습이 아름다웠으면 좋겠다. 교회가 교회다워져서 세상의 소망이 될 수 있기를 바란다. 뉴노멀 시대에도 사람들은 목마르다. 24시간 흘러넘치는 콘텐츠와 자기중심적 삶 속에서 진정한 관계를 갈망하는 사람이 너무나도 많다.

이제 교회가 일어나야 한다. 복음으로 무장된 성도들이 선교적 열정을 가지고 세상을 사랑으로 섬기고 복음을 전하며 하나님 나라를 이루어 가는 거룩한 꿈을 꿔본다.

코로나19 이후의 사역을 준비하기 위해 우리는 무엇을 해야 할까? 포스트 코로나19 시대의 사역 트렌드를 분석한 후, 한국보다 전면 개방을 했던 북미 교회와 이민 교회의 케이스를 통해 적용점을 찾아보자.

PART 3

전망과 준비

포스트 코로나19 시대,
북미 교회 트렌드와 전망

포스트 코로나19 시대,
북미 교회 트렌드와 전망

CHAPTER · 20

코로나19 팬데믹의 영향으로 세상은 바뀌었고 교회 또한 새로운 상황 속에서 생존을 도모하며 다가올 미래를 준비하고 있다. 코로나19 이후 교회는 어떻게 바뀌게 될까? 아니 코로나19 이후 새로운 세상을 맞이하기 위해 교회는 무엇을 준비하고 대비해야 할까? 분명한 사실은 과거의 관습과 전통에 머물러서는 변화된 시대에 적합한 교회가 될 수 없을 거라는 점이다. 따라서 현시점에서 교회는 현재를 진단하고 미래를 전망하는 노력과 함께 본질에 기초한 변혁을 이루기 위해 발걸음을 옮겨야 한다. 이 일을 위해 우리보다 먼저 교회를 오픈하고 코로나19 이후 사역을 모색

하고 있는 북미 교회의 현실과 트렌드를 살피고 한국 교회가 배울
수 있는 교훈과 적용점을 고찰해 보고자 한다.

코로나19 이후 성도 수에 대한 전망

코로나19 백신 접종과 함께 1년 6개월 동안 굳게 닫혔던 교회의
문이 열렸다. 그토록 기다렸던 현장 예배가 재개된 직후 교회의 모
습과 상황은 매우 충격적이다. 모든 수치가 위기를 가리키고 있다.
1939년 이래 미국인들의 예배 참석률을 정기적으로 조사하고 있는
갤럽Gallup에 따르면 2020년 성도 수는 지난 80년 동안 가장 낮은
숫자로 떨어졌다. 온라인과 오프라인을 합쳐도 예배 참석률은 역
사상 최저 수준까지 내려갔다. 여기에 성도의 이탈률도 높아졌다.
2년 이상 지속된 코로나19가 신앙적 열기까지 식게 했다.

초기에는 교회가 문을 열고 다시 모이게 되면 이전보다 더 뜨겁
고 열정적인 예배를 드릴 거라는 희망이 있었다. 그러나 코로나19
가 가져온 여파는 우리의 예상을 비웃는 듯하다. 현장 예배의 숫
자만 본다면 큰 교회일수록 회복률이 낮다. 2021년 10월 경 로스
앤젤레스에 있는 대표적인 교회들을 가 보았을 때, 현장 예배 회

복률은 예상보다도 부진했다. 당시 방문했던 로스앤젤레스에 있는 한 교회의 이야기이다. 이 교회는 매우 역동적인 사역을 통해 많은 이에게 영감을 불어 넣어 주는 유명한 교회다. 코로나19 이전에는 약 3천 명의 젊은이가 매 주일 모였다.

그런데 교회 문을 오픈한 지 6개월이 지난 시점임에도 불구하고 이 교회는 코로나19 이전 세 번이었던 주일 예배를 한 번만 드리고 있었다. 참석자도 약 400명 수준이었다. 물론 여기에는 온라인 사역 강화와 함께 현장 예배에 대한 열기를 서서히 끌어올리려는 의도성이 있었다. 그렇지만 참석 숫자와 열기가 예전보다 못한 건 부인할 수 없는 현상이다. 톰 레이너는 팬데믹 이전 250명 이상의 출석 성도가 모였던 교회들의 회복이 더 더디고 어려운 과정을 겪을 것이라고 내다봤다.

전문가들은 팬데믹 이후 대부분의 교회가 20~30% 성도가 줄고 재정 또한 그와 비례해 감소하리라 예상한다. 물론 이러한 흐름을 전혀 예상하지 못했던 건 아니다. 왜냐하면 코로나19 이전부터 북미 교회는 성도의 수가 감소하고 있었고, 예배에 출석하는 성도들의 참여 횟수도 줄고 있었기 때문이다.

코로나19는 이런 흐름을 가속화 했다. 또 하나의 흐름은 성도의 이동이다. 성도들이 다른 교회의 온라인 예배를 자유롭게 드리게 되면서 교회를 옮길 확률도 높아졌다. 에드 스테처는 북미 교회의 경우 팬데믹 시대에 표면화된 정치 문화적 갈등으로 인해 성도들의 이동이 발생할 거라고 보았다. 여러 이유로 성도와 헌금 이 줄고 성도의 이동이 발생하는 현상은 그 자체로 큰 도전임에 틀림없다.

사역 중심축의 이동

코로나19 팬데믹 기간에 사역과 관련해 가장 많이 언급되었던 주제 중 하나는 건물에 대한 내용이었다. 성도가 모일 수 없는 상황에서 과연 교회 건물은 어떤 의미가 있는가? 물론, 예배당 중심의 사역이 사라지지는 않을 것이다. 그렇지만 건물에 대한 의존도와 활용도에 대해서는 다양한 토론이 발생할 것이다. 당장 예배 후 모든 성도가 함께 식사해야 한다는 의식도 바뀌었고, 모임 또한 교회가 아닌 제3의 장소에서 얼마든지 가능하다는 사실도 알게 되었다. 모임과 공간에 대한 새로운 인식이 발생하면서 주중 한 번만 사용되는 교회 건물을 이전과 같이 절대화할 이유는 없다.

그런 맥락에서 앞으로 교회 건물은 더 작고 효율적인 형태를 선호하게 될 것이다. 사실 미국 교회에서는 이미 오래전부터 이런 흐름이 형성되고 있었다. 새로운 교회 개척 운동은 교회 건물 대신, 사람과 공동체 중심의 사역에 역점을 두었다. 개척 공식이 바뀌었다. 멋진 예배당을 먼저 만들고 사람을 채우는 순서가 아닌 사람이 모이고 그에 적합한 공간을 찾는 형식이 주가 되었다. 이전 패러다임이 건물과 시설, 프로그램 중심이었다면 새로운 흐름은 공동체로서 지역과 이웃을 섬기며 관계 중심의 사역을 통해 공동체로서 교회를 세워갔다.

미국 교회의 새로운 흐름인 멀티 사이트 운동도 마찬가지다. 더 작고 공동체적이며 유기적인 사역을 통해 지역 중심적인 교회를 세운다. 앞으로는 멀티 사이트 교회도 50명 이하의 소규모 캠퍼스를 다양한 지역에 세워 확장해 가는 형식이 될 거라는 예상도 있다. 코로나19 이후 환경과 지형 변화는 사역의 중심축과 형태에 대한 새로운 대응을 요구한다. 현실에 대한 냉철한 안목을 가지고 사역의 초점과 방향을 고민할 필요가 있다.

건강한 소그룹 사역과 분산화

같은 맥락에서 교회의 미래는 건강한 소그룹을 어떻게 형성하고 발전시킬 수 있느냐와 연결된다. 이 점이 코로나19 기간 동안 교회가 배운 가장 큰 교훈 중 하나다. 직장, 학교, 비즈니스 등 거의 모든 모임이 불가능해진 셧다운 상황이 되자 사람들은 극도의 불안감을 느꼈다. 교회 성도들도 마찬가지였다. 이제까지 주일 예배 중심의 신앙생활을 하던 성도들이 스스로 신앙을 지켜야 하는 상황이 되자 모두가 당황할 수밖에 없었다. 그때 흔들리지 않은 교회들이 있었다. 그들은 한결같이 건강한 소그룹 중심의 사역을 하고 있었다. 주일을 넘어 주중에 모이는 소그룹을 형성하고, 서로 연결되고 지지하는 성도의 교제와 사랑이 있는 교회들은 위기의 시기를 잘 견뎌 냈다. 어떤 교회들은 팬데믹 시대에 오히려 성장하기도 했다.

대형 교회들의 회복률이 중·소형 교회보다 약한 것도 이와 관련해 해석할 수 있다. 엄밀히 보면 팬데믹 기간 동안 교회와 멀어진 사람들은 핵심 멤버보다는 주변부에 머물던 사람들이다에드 스테처는 이들을 평소 교회당 맨 뒷줄에 앉아 예배를 드리던 성도들이라고 표현했다. 평소 신앙적 확신과 소속, 관계가 약했던 사람들의 이탈률이 높은 것은 어쩌면 당연한 결과다. 그러나 건강한 소그룹 사역을 통해 강한 소속감과 연대감을 형성했던 교회들은 위기의 시대에 서로를 지지하며 더 깊은 신뢰와 사랑을 나누는 관계로 발전했다.

교회가 흔들렸는가? 우리 교회의 소그룹이 얼마나 건강한지를 점검해 볼 필요가 있다. 명목상으로만 소그룹 사역이 진행되고 있는 교회가 많다. 많은 경우 설교 중심 혹은 프로그램 중심의 목회를 해 왔던 교회들이 여기에 속한다.

건강한 소그룹을 형성하기 위해서는 교회의 구조도 새롭게 만들어야 한다. 기존 사역을 그대로 유지하면서 소그룹을 강조하는 것은 불가능하다. 생동감 있는 소그룹 사역이 되기 위해서 교회는 그만큼 단순해져야 하고 소그룹 중심의 분산화를 이룰 수 있어야 한다. 냉정하게 사역을 평가해 보자. 소그룹 중심의 사역을 하기 위해 변화시켜야 할 사역과 구조는 무엇인지 살펴보자. 무엇을 내려놓고 무엇에 집중해야 할지에 대한 논의가 먼저 이루어져야 한다.

일상 교회와 성도의 삶

코로나19 이후 사역의 초점은 내부inward에서 외부outward로, 성직자 중심에서 성도 중심으로, 주일에서 주중으로 옮겨가야 한다. 이제까지의 사역은 사실상 교회 내 성도들의 필요와 유익을 위해 집중되었다. 그러나 코로나19는 교회의 존재 이유를 다시 생각하게 했다. 즉, 교회는 세상과 함께하며 자기 자신이 아닌 세상을 위해 존재하는 공동체가 되어야 함을 깨닫게 했다. 교회가 세상과 건강한 관계를 맺지 못하고 세상의 필요와 유익을 제공하지 못할 때 복음 전도와 선교는 불가능하다. 교회가 세상의 중심이라고 여겼던 크리스텐덤Christendom 세계관은 교리 중심의 변증학을 발전시켰다. 그러나 코로나19 이후 세상은 교리가 아닌 삶을 통해 증명될 수 있는 새로운 변증을 요구한다. 교회가 세상의 문화와 문제에 귀를 기울이고 그들이 공감할 수 있는 방식으로 복음을 전달해야 한다. 보고 느끼고 체험될 수 있는 증인의 사역을 요구하고 있다.

만약 교회가 이러한 내용을 심각하게 받아들인다면 사역의 축은 자연스럽게 성직자에서 성도로, 주일에서 주중으로 옮겨질 것이다. 레슬리 뉴비긴Lesslie Newbigin이 이야기한 것처럼, 다원주의 시대 복음의 유일한 해석자는 다름 아닌 '회중의 삶'이다. 회중의 삶을 통해 복음이 복음으로 경험될 때만이 세상은 교회에 귀를 기울이고 마음의 문을 열 것이다.

그러므로 교회는 어떻게 성도들을 일상의 삶에서 선교적 증인으로 살게 할 것인지를 고민해야 한다. 주일 하루의 이벤트를 넘어 다른 6일 동안을 복음을 위해 살 수 있도록 돕기 위한 새로운 차원의 사역이 제공되어야 한다.

실천에 기반한 제자도

그러한 관점에서 진정한 제자도와 제자훈련은 미래 교회의 핵심이다. 물론 제자훈련은 한결같이 교회의 우선순위였다. 그렇지만 코로나19 이후의 제자훈련은 지난 수십 년 간 강조해 오고 실천해 왔던 프로그램과 달라야 한다. 문제는 프로그램이 없어서가 아니다. 교회는 지금까지 실시해 왔던 프로그램을 생각해 보라. 그 종류와 수가 참으로 많다.

월 맨시니와 코리 하트만의 이야기를 다시 한번 생각해 보자. 그들은 미국 교회의 흐름을 프로그램형과 가정교회 모델로 구분하면서 이 두 모델이 미래형 교회로 만족스럽지 못하다고 평했다. 프로그램형 교회는 건물과 주일 중심으로 운영되면서 프로그램을 통해 성장을 강조해 왔다. 반면에 가정교회 모델은 프로그램화된 교회에 대한 강한 거부감을 보이며 비제도적이고 유기적인 사역을 강조하는 유형이다.

맨시니와 하트만이 두 모델의 시대적 필요와 공헌을 인정하면서도, 제자는 프로그램으로 만들어지지 않는다고 강조했다. 지표 없는 훈련 또한 비효율적이다. 그렇다면 미래 교회의 모습은 어떠해야 하는가? 바로 새로운 상상력과 방식, 대화를 통해 현장에 기초한 실천형 모형을 디자인해야 한다. 일부의 시간과 노력을 할애해 성도 됨의 의무를 해치우는 제자가 아닌, 전 존재를 통해 제자됨의 정체성을 붙잡고 그리스도께서 주신 과업을 이루는 제자를 만드는 교회, 이를 위해 교회는 '조직화된 제자 만들기'에 집중해야 한다. 제자훈련은 교회의 여러 사역 중 하나가 아니라 목적 자체이다. 하나님 나라의 꿈을 꾸고 복음을 통해 또 다른 제자를 만들고, 제자가 제자를 삼고 교회가 교회를 낳는 재생산과 번식이 일어나는 것이 상식이 되고 이러한 사역에 참여하는 성도들로 가득 찬 교회가 되어야 한다.

그런 맥락에서 선교적 공동체의 역할을 상고할 필요가 있다. 사실 최근 미국 교회의 갱신은 선교적 공동체 운동과 함께 확산하였다 해도 과언이 아니다. 선교적 공동체는 선교적 교회 운동의 심장과 같은 것으로 실제 교회가 세상 속에서 존재하고 복음을 전하는 방식을 크게 바꿔 놓았다. 이전까지 제자훈련이 프로그램으로 소그룹 교제와 관리 중심이었다면, 선교적 공동체는 성도들이 삶의 자리에서 하나님의 선교에 참여하기 위해 사역을 찾고 실천하면서 함께 성장해 가는 구조다. 선교적 공동체 사역이 활발한 교회는 자연스럽게 성직자 중심에서 성도 중심으로, 내부에서 외부로 사역의 축이 옮겨진다. 일상의 삶 속에서 서로 연결되며 함께 세상을 섬기는 사역을 찾고 참여함으로써 복음으로 살아내는 체험을 한다. 선교적 공동체에서 삶을 통한 훈련과 증인의 사역이 동시에 이루어진다. 실천을 통해 제자도가 학습되고 형성되기 때문에 더 큰 영향력을 발휘한다.

선교와 복음 전도에 대한 새로운 관점

다음은 선교와 복음 전도에 대한 신선한 관점이다. 코로나19는 선교를 해외의 영역에 국한해 왔던 전통적 관점을 바꾸는 계기가 되었다. 21세기 새로운 교회 운동을 이끄는 선교적 교회 운동이 선교에 대한 새로운 상상력을 자극해 왔지만, 여전히 많은 교회는 선교와 복음 전도를 지역적 의미로만 이해하고 실천하는 성향이 강했다.

그러나 코로나19는 그러한 사고에 변화를 촉구했다. 현실적으로 해외 선교를 자유롭게 할 수 없는 상황이 선교 전략을 재고하는 계기가 되기도 했지만, 코로나19는 내 주변에 있는 가장 가까운 이웃이 선교의 대상이라는 사실을 깨닫게 도왔다. 변화된 환경을 보자. 급격한 세계화는 전 세계 사람들을 우리가 사는 지역 공동체로 이주시켰다. 다음 세대의 경우에는 미전도 종족이라 불러도 될 만큼 복음의 불모지가 됐다.

예수께서 주신 "예루살렘과 온 유대와 사마리아와 땅 끝까지 이르러 내 증인이 되리라"^{행 1:8}는 말씀이 이처럼 체감적으로 다가온 적이 있었는지 모르겠다. 지금이 바로 총체적^{wholistic} 선교 방식을 따라 지역 공동체를 섬기고 복음을 전하는 사명을 감당할 때다. 미래 교회는 'All the nations'를 품지만 선교가 'Here and now'로부터 시작해야 함을 요구한다. 우리가 만나는 사람들을 선교 대상자로 여기고 그곳에서부터 선교와 복음 전도가 이루어져야 한다. 제자훈련과 프로그램은 바로 이러한 성도를 만들기 위해 존재해야 한다.

코로나19 이후 교회는 마치 선교지 한복판에 있는 상황과 같다. 안타깝게도 한국 교회는 회심 성장의 동력을 잃어버렸다. 교회에 호감을 느끼고 찾아오는 사람도 급감했다. 미래는 복음의 능력을 통해 생명을 줄 수 있는 교회만이 살아남을 것이다. 동시에 지금이야말로 참된 복음 전도와 선교가 가동될 때이다. 교회가 복음에 무관심하거나 적대적인 사람들로 둘러싸여 있다면 그만큼 복음을 전할 대상자가 많다는 이야기이기에, 현재를 선교의 기회로 삼고 사명을 감당해야 한다.

지역 공동체에 대한 관심과 참여

코로나19 이후 교회는 진정성을 가지고 지역 공동체를 품고 함께하는 교회가 되어야 한다. 코로나19가 가르쳐 준 교훈 중 하나가 바로 교회의 건강성은 지역사회와 깊은 연관성을 가진다는 점이다. 많은 교회가 생존을 염려하면서 내부적 사역에 몰두하고 있을 때, 깨어 있는 교회들은 이웃과 지역의 필요를 위해 온 힘을 다해 섬겼다. 질병에 걸린 사람과 가족을 돌보고, 위기에 빠진 사람들을 보호하고, 물질적인 필요를 채워주고, 지역 경제를 살리기 위해 헌신하며, 다양한 방식으로 세상의 아픔에 참여하려는 노력을 기울였다. 영적 필요뿐 아니라 정서적, 물리적 필요를 채워 주면서 그리스도의 사랑을 전했을 때 사람들은 아낌없는 박수를 보냈다.

북미 교회들을 보면서 감동하는 부분이 이점이었다. 얼마나 많은 교회가 다양한 방식으로 이웃과 함께하려 했는지 모른다. 특별히 지역의 여러 기관과 협력하면서 심층적인 사역을 감당했다. 믿음이 없는 사람들은 이런 모습을 보며 하나님의 사랑을 느낄 수 있었다. 실제로 교회 전체적으로는 성도가 줄었지만, 이러한 교회들은 팬데믹 기간에도 가시적인 성장을 이루었다. 사람들은 교회 자체를 싫어하는 것이 아니다. 교회가 교회답기를 바라는 것이다. 사람들은 오늘도 영적 피난처를 찾는다. 코로나19 이후 찾아올 두려움과 불안감, 외로움과 소속에 대한 갈망을 교회가 채워 줄 수 있어야 한다. 미래 교회의 건강성은 내적으로 얼마나 건강한 소그룹을 형성할 수 있는가와 더불어 외적으로 지역사회를 얼마나 진정성 있게 섬길 수 있느냐와 깊은 관련이 있다.

교회의 내일을 준비하고자 하는가? 그렇다면 지역 공동체의 영적, 정서적, 심리적, 경제적, 물리적 이슈에 대해 더 깊이 이해하며 적극적인 참여를 할 수 있도록 준비를 하자.

디지털과 오프라인이 융합된 하이브리드 사역

코로나19 팬데믹 시대에 교회가 경험한 가장 극적인 변화는 '디지털digital'과 '기술technology'을 통한 사역이었다. 목회를 위한 어쩔 수 없는 선택이기도 했지만, 우리가 사는 디지털 세상에 대한 자각과 인식의 기회이기도 했다. 사실 과거에는 목회적 측면에서 논란의 영역에 머물렀던 온라인 사역이 최근 얼마나 보편화되었는지 모른다. 예를 들어, 대부분의 교회가 라이브 스트리밍이나 녹화된 영상을 통해 주일 예배를 제공한다. 온라인 헌금도 도입했다. 회의와 모임과 소그룹, 훈련, 부흥회와 세미나도 온라인을 통해 열린다. 교회 홈페이지에는 성도들의 참여와 상호작용을 증진하기 위해 새로운 기능을 추가하고 어떤 교회에는 챗봇이 등장하기도 했다. 최근에는 모바일 앱app을 개발해서 활용하는 교회도 증가하고 있다. 물론 이러한 사역은 미래에도 지속할 것이다. 처음에는 비상책으로 도입된 디지털 사역이 이제는 미래 교회를 상상할 때 빠질 수 없는 분야가 되었다.

더는 온라인 사역이 새로운 사역의 영역이 아니다. 사람들의 살아가는 실제 영역에서 복음을 전하기 위한 노력은 자연스러운 일이다. 그렇기에 온라인은 예배적 측면에서는 새로운 옵션으로, 사역적 측면에서는 새로운 방식tool으로 도입되었음을 의미한다.

케리 니우호프는 지금이야말로 새로운 전략이 필요한 시기라고 말한다. 그는 우리가 완전히 새로운 세상에서 살아가고 있다는 사실을 상기시키면서 '만약 우리의 사명이 교회 건물에 사람들을 채우는 것이 아니라 사람들에게 다가가는 것이라면, 모든 것을 새롭게 생각해야 할 시점'이라고 주장한다. 이 시대에 사람들에게 다가갈 수 있는 곳이 어디인가? 오프라인 모임이 가능해졌지만, 여전히 더 많은 사람을 만날 수 있는 곳은 온라인임을 상기시킨다. 예배의 참여도도 마찬가지다. 이제는 현장에서 모이는 숫자보다, 일주일 내내 홈페이지나 유튜브, 소셜 네트워크에 올려진 예배와 설교를 듣는 사람이 훨씬 더 많다. 미래가 디지털이라면 당연히 교회는 그곳을 품어야 한다. 그리고 그 사역을 위해 인력과 자원을 투자하고 확장하기 위한 장기적 전략을 세워야 한다.

교회가 이제는 새롭게 오픈된 온라인과 오프라인을 어떻게 조화롭게 활용할지를 고민한다. 현장 예배가 가능해졌기 때문에 온라인 사역을 중단하겠다는 흐름보다는 어떻게 서로의 장점을 활용해 시대에 맞는 사역을 감당할지를 고민한다. 만약 상호 보완적인 측면에서 온라인과 오프라인 사역을 본다면, 사역의 지경은 훨씬 넓어진다. 교회가 위치한 지역뿐 아니라 인종과 나라를 초월해 접근할 수 있는 가능성도 열린다.

물론, 여기에는 과제도 있다. 무엇보다 온라인을 통해 복음을 받아들인 성도들이 온라인 혹은 오프라인 신앙 공동체에 참여하고 예수의 제자로서 살아갈 수 있도록 도와야 한다. 그런 면에서 교회는 오프라인과 온라인을 연결하고 상호작용을 극대화 할 수 있는 방안을 찾아야 한다. 사역의 연속성을 만들어 내는 과제를 풀어야 할 시간이다.

선교적 적용

코로나19 바이러스는 많은 것을 변화시켰다. 물론 여전히 지속해야 할 코로나19와의 전쟁은 더 많은 고민과 변화를 촉발할 것이다. 그러나 이제는 단순한 적응을 넘어 시대에 맞는 혁신과 변혁을 추구하는 교회가 되어야 한다. 그것이 세상을 보는 선교적 안목이 필요한 이유다. 예수 그리스도께서 세상을 구원하시기 위해 스스로 변화하고transfiguration 인간의 모습과 문화를 입고incarnation 세상을 변화시키신 것처럼, 코로나19 이후의 교회는 복음을 위해 새로운 모습과 사역을 통해 모험을 감당해야 한다. 지금은 곧 다가올 교회의 미래를 준비할 때이다. 생존을 염려하는 수동적 태도를 버리고 복음을 위한 헌신을 통해 코로나19 이후 더 혁신적이고 변혁적인 교회가 될 수 있기를 기대해 본다.

북미 교회의 리오프닝Reopening 사역 전략과 교훈

북미 교회의 리오프닝Reopening
사역 전략과 교훈

앞선 글에서 필자는 코로나19 이후 북미
교회의 사역 동향에 대해 살펴 보았다. 본 챕
터에서는 한국보다 앞서 현장 예배를 실시했
던 미국 교회들의 예를 통해 우리에게 필요
한 교훈과 전략을 마련해 보고자 한다.

먼저 필자는 본 연구를 위해 미 서부 지역
의 대표적인 교회들을 방문하고 지도자들을
만나 심도 있는 대면 인터뷰를 진행했음을
밝힌다. 물론 그들의 사례가 모든 교회를 대
표할 수는 없겠지만, 북미 교회의 현실과 상
황을 고찰하고 현장의 소리를 담은 본 소고
가 리오프닝 사역을 하는 한국 교회에 도움
이 되기를 바란다.

리오프닝 이후의 교회

　필자는 앞선 여러 글에서 전문가들의 말을 인용해 코로나19 이후 20~30%의 성도 수가 줄어들 거라는 전망을 했던 터라 실제 상황이 더욱 궁금했다. 안타깝게도 현장의 상황은 전문가들의 예상과 유사했다. 대부분의 교회가 50~60%의 회복률을 보였고, 80% 이상의 성도가 현장 예배에 돌아온 교회는 찾아보기 쉽지 않았다. 물론 그중에는 팬데믹 이후 성도 수가 더 늘었다는 교회도 있었지만, 극히 예외적인 상황이었다.

　한 가지 희망적인 내용은 교회의 회복률이 점차 상승하고 있다는 점이었다. 많은 리더가 한결같이 현장 예배를 재개했을 때 예상과 달리 너무나 적게 모인 성도들로 인해 놀랐다고 한다.

　한 예를 들어 보자. 이 교회는 코로나19 이전 매주 4천 명 이상의 성도가 모일 정도로 활기찬 신앙 공동체였다. 이들은 110년 이상의 오랜 전통과 역사를 가지고 있을 뿐만 아니라 지속적인 갱신을 통해 지역사회에서도 건강한 교회로 정평이 나 있었다. 1년이 넘는 시간 동안 온라인 예배를 드리다가 드디어 현장 예배를 드릴 수 있는 때가 왔다. 교회는 많은 성도가 모일 것을 예상했다. 안전을 위해 교회 건물 대신 야외 스타디움을 빌렸고 몇 주간 동안 다양한 채널을 통해 광고했다. 그런데 현실은 기대와 달랐다. 현장 예배에 나온 성도의 수가 수백 명에 지나지 않았다.

물론 이러한 현상에는 다양한 해석이 가능하다. 무엇보다 코로나19 상황이 종식되지 않은 상태에서 안전에 대한 두려움을 가진 성도가 여전히 많다. 거기에 다른 교회로 옮겼거나 신앙생활을 그만둔 사람들, 또 어떤 부류는 온라인 예배를 더 선호해 그곳에 정착하려는 성도들도 있다. 현장 예배를 살리기 위해 다각도의 분석과 노력이 필요함을 알 수 있다.

교회 갱신 전문가 톰 레이너는 현재 북미 교회가 코로나19로 인해 겪고 있는 어려움과 교회를 떠나는 사람들에 대해 분석을 했다. 그에 따르면 코로나19에 대한 이해의 차이와 이로 인해 촉발된 갈등은 교회를 한 방향으로 나아가게 하는 데 큰 걸림돌이 되고 있다. 역사상 이렇게 사회가 갈라진 적이 있을까 싶을 정도로 어려운 상황이다. 특별히 마스크나 백신에 대한 전혀 다른 관점, 양분화된 대통령 선거의 여파, 'Black Lives Matter' 등으로 촉발된 인종차별 문제 등으로 인해 사회는 몸살을 앓고 있다.

에드 스테처도 코로나19 이후의 교회를 전망하면서 이후 성도들의 대이동이 있을 거라고 예상한 적이 있었다. 그런데 그 핵심 이유는 다름 아닌 각기 다른 정치적 이해와 갈등이었다. 사실 필자는 그의 글을 읽으면서 그렇게까지 깊은 충격을 교회가 받았을 거라고는 예상하지 못했다. 그런데 교회를 방문하고 인터뷰를 하면서 미국 교회에서는 이 문제가 굉장히 심각하다는 사실을 알게 되었다. 많은 성도가 자신과 다른 견해를 가진 교회의 반응에 대해 불만을 제기하고 교회를 옮기거나 떠난 사람이 많다는 이야기를 들을 수 있었다. 코로나19로 발생한 갈등의 골이 엄청 깊다는 사실을 고려하면 어떻게 이 상처를 봉합하고 치유할 수 있을 것인가가 향후 교회 사역과 관련해 굉장히 중요한 요소임을 알게 된다.

만나는 목회자마다 사라져버린 성도들에 관해 이야기한다. 현장 예배뿐 아니라 온라인 예배에도 참여하지 않고, 연결되지 않는 성도가 많다는 소식도 들린다. 20~30% 사이의 성도들이 사라졌다는 가정은 끔찍하지만, 새로운 해결책은 항상 최악의 상황을 염두하고 찾을 때 가능성이 발견되기에 이 부분을 고려해 리오프닝 사역 계획을 세울 필요가 있다. 먼저 사라진 성도들은 어떤 사람들일까? 톰 레이너가 제시한 다섯 가지 유형을 보자.

첫 번째, 팬데믹 이전부터 교회 출석 횟수가 줄고 있었던 성도들이다. 매주 교회를 출석하던 성도들이 한 달에 한두 번으로 그 횟수가 줄더니 팬데믹 가운데 예배를 드리지 않게 된 경우다.

두 번째, 소그룹에 속하지 않고 예배만 참석했던 성도들이다. 조사에 의하면 평소 소그룹에 참여했던 성도들이 교회를 떠날 확률은 낮다. 예배만 참석했던 성도들은 그 관계와 연결고리가 단단하지 않았기에 현장 예배에 대한 동기 부여가 상대적으로 어렵다.

세 번째, 교회를 활동하는 공간 이상으로 여기지 않았던 사람들이다. 이들은 교회를 사람들과 교제하는 곳 정도로 여겼기 때문에 코로나19 위협을 느껴 가면서까지 교회를 나올 이유가 없다.

네 번째, 교회에 대한 불만과 비판적 성향이 있던 부류다. 평소 목회자에 대한 불만과 사역 방향에 대한 비판의식이 강했던 사람들은 코로나19 이후 사역 방향에 대해서도 같은 입장을 취할 확률이 높다. 그렇게 떠난 이들이 교회로 돌아올 확률은 낮다.

다섯 번째, 문화적인 기독교인들이다. 이들은 기독교가 주류였던 시대에 익숙했던 사람들로서 문화적으로 받아들여지기 위해 교회를 다녔다. 팬데믹으로 인해 교회를 나오지 않아도 큰 문제가 없다는 사실을 알게 되면서 교회로 돌아올 이유가 약해졌다.

이들 가운데 많은 수가 쉽게 교회로 돌아오지 않을 수 있다. 이유야 어떻든 성도를 잃는다는 것은 굉장한 고통이다. 현장 예배에 참여하지 않는 사람들과 교회를 떠나간 사람들의 상황을 파악하고 이에 대한 교회의 접근과 전략을 세워야 한다.

리오프닝 전략

북미 교회는 코로나19 바이러스가 발생한 후 현장 예배를 재개하기 위한 여러 전략과 방편을 고안했다.

첫 번째, 성경과 과학적 이해를 기반으로 상황에 맞는 접근을 하는 것이었다. 즉, 교회 건물의 문을 닫는 것은 세상에 굴복하는 차원이 아니라 약한 자를 돌보고 사랑하는 신앙 공동체의 표현이며, 나아가 사람이 중심이 되는 신앙 공동체로서의 교회 됨을 회복하는 차원임을 강조했다.

리오프닝 전략도 마찬가지다. 공동체 안에서 교회가 어떻게 그들을 섬겼으며, 코로나19의 위협이 지속하고 있는 상황 속에서 교회가 놓여 있는 이웃과 지역, 국가적으로 어떻게 반응해야 할지를 신중하게 살피면서 전략을 짜야 한다. 대부분의 복음주의 교회들은 그런 차원에서 최대한 정부의 지침에 맞게 반응한다. 따라서 중요한 결정은 정부가 제시한 과학적 데이터와 안전 지침을 따라

보조를 맞춘다. 교회들은 코로나19 상황에 따라 프로토콜protocol을 만들고 성도들이 안전을 느낄 수 있도록 최대한의 노력을 기울인다. 코로나19가 교회 내에서 전파되지 않도록 환경을 만들고 안정감을 주어 성도들이 점차 현장 예배에 복귀할 수 있도록 유도한다. 안전에 최우선을 두는 것이다.

두 번째, 교회 내적인 차원으로서 더 작은 공동체 중심의 구성을 강조한다는 점이다. 미국의 대표적인 교회 중 하나인 써밋 처치Summit Church의 J. D. 그리어Greear는 현장 예배를 재개하면서 다음과 같은 계획을 밝혔다. "우리는 다시 모일 예정입니다. 그러나 써밋 처치는 한 장소에서 500~1천 명씩 대규모로 모이지 않을 것입니다. 주말에 열두 개 장소에서 1만 2천 명이 모이는 대신 2천 4백 개의 장소에서 1만 5천 명이 모일 것입니다."

코로나19 팬데믹 이후 미국 교회의 가장 큰 관심사 중 하나는 재성장을 위해 어떻게 더 작아질 수 있을까와 연관된다. 코로나19 팬데믹이 가져온 가장 큰 변화는 교회로서의 정체성과 형태에 대한 도전이었다. 즉, 교회가 건물이 아니라 사람들의 공동체라는 점과 그 공동체는 성도들이 서로 연결되고 하나 되는 소그룹 형태가 되어야 한다는 발견이었다. 이제까지 교회는 눈에 보이는 성도 숫자에만 집중해 왔다. 그러나 교회는 성도들이 서로를 사랑하고 섬기고 연결되어 하나님 나라를 위해 함께 살아가는 공동체가 되어야 하며, 그러한 공동체적 구조와 사역이 이루어질 때 위기를 극복할 수 있음을 배우게 됐다. 단순한 종교적 상품을 제공하는 교회가 아닌 진정한 교회 됨에 대한 가치와 형태를 발견한 것이다.

세 번째, 씨앗을 뿌리는 일이다. 어떻게 보면 굳게 닫혔던 교회문이 열리고 현장 예배가 재개 된다는 것은 성도들에게 엄청난 소식임이 분명하다. 특별히 현장 예배에 목말라 했던 성도들에게는 무척이나 기쁜 소식이다. 그러나 그 외 사람들에게는 어떨까? 특히 교회가 코로나19 확산의 주범이라는 프레임에 익숙한 사람들에게 이 소식은 가장 반갑지 않은 이야기이다. 사람들을 초청하기 위해 앞서 행해야 할 일이 있다. 그것은 문을 열기 전에 지역 공동체에 씨앗을 뿌리는 일이다.

사실상 교회는 코로나19 기간을 통과하면서 교회의 존재 이유와 가치를 드러낼 기회를 포착해야 했다. 주변에 상처와 고통받는 사람이 넘쳤다. 누군가의 관심과 도움이 절실했던 이웃이 많았다. 만약 이렇게 약한 자들을 돌보고 섬기는 사역을 해 왔다면 교회는 그 씨앗을 뿌린 것이다. 외롭고 찢어진 영혼을 돌보고, 위로와 사랑이 필요한 자들을 보듬어 안았다면 교회에 대한 인식과 관심은 달라졌을 것이다. 물론, 지금도 늦지 않았다. 교회 주변에 있는 이웃의 상황을 돌아봐야 한다. 교회의 생존을 위해서가 아니라 하나님의 사랑과 공의, 정의를 세우기 위해 그리스도의 손과 발이 되는 역할을 감당할 수 있어야 한다.

네 번째, 다양한 방식으로 교회 소식을 알리고 성도와 이웃들을 초청하는 일이다. 코로나19는 성도들의 신앙 양태를 바꾸어 놓았다. 여러 가지 이유로 현장이 아닌 온라인 예배에 머물려는 성도도 많다. 현장 예배의 가치와 경험을 증진해야 한다. 성도들이 자발적으로 현장 예배를 사모하고 참여할 수 있도록 기회를 만들고 격려해야 한다.

아울러 지역의 믿지 않는 이웃을 향한 접촉점도 만들어 가야 한다. 사회적으로 교회에 관심과 입지는 줄어들겠지만, 개인적 차원의 필요는 높아질 수밖에 없다. 소속과 관계에 대한 목마름, 진정한 공동체를 향한 갈망을 가진 사람들에게 교회는 삶을 통한 복음 전파와 영적 공동체로의 초청을 할 수 있어야 한다. 그런 차원에서 교회는 좀 더 장기적인 안목에서 리오프닝 전략을 세워야 한다.

다음은 이러한 전략을 통해 사역하고 있는 몇 개교회의 예이다. 필자는 앞서 밝힌 것처럼 현장 연구를 위해 남부 캘리포니아에 있는 열 개의 교회를 방문하고 인터뷰를 진행했다. 먼저는 전문가들의 분석을 확인하고 싶었고, 나아가서는 현장의 체온을 직접 느끼고 싶어서였다. 그중에서 몇 교회의 경험과 전략을 통해 한국 교회가 생각해 볼 점을 발견해 보고자 한다현장 연구는 2021년 10월 중에 이루어졌으며, 당시의 상황을 재현하기 위해 현재형으로 묘사했다.

새들백 교회Saddleback Church

먼저는 새들백 교회이다. 오래전부터 온라인 사역을 강화해 온 새들백 교회는 필자가 앞에서도 밝혔듯이 현재 새로운 실험과 여정 가운데 있다. 현장 예배의 경우 그 회복 속도는 생각보다 빠르지 않다. 부활절을 앞두고 약 40%의 성도가 모였고 10월 말 기준으로 약 50~60% 정도의 성도가 현장 예배에 출석하고 있다. 여전히 많은 성도가 온라인 예배와 공동체에 머물고 있고, 새로운 성도들도 역시 온라인을 통해 연결되고 예배하고 있다. 캠퍼스 담당 목사인 제레마야 골리Jeremiah Goley에 따르면, 교회는 크게 두 가지 측면에서 현 상황에 접근하고 있다.

첫 번째, 커뮤니케이션이다. 우리가 누구이며, 무엇을 하며, 왜 모여야 하는지에 대한 지속적이고 분명한 소통을 통해 성도들이

다시 모일 수 있도록 이끌고 있다.

두 번째, 온라인 사역 전략의 변화다. 이전까지 새들백 교회는 온라인 사역을 열여덟 개 캠퍼스 중 하나로 인정하면서 독립성을 키워왔다. 현재는 온라인 캠퍼스campus를 온라인 익스텐션extension과 온라인 공동체community로 이름을 바꾸고 오프라인 공동체로 모일 수 있도록 유도하는 새로운 전략을 준비했다. 온라인으로 연결된 성도들이 소그룹으로 모일 수 있도록 돕고, 이 소그룹들이 지역별로 함께 모일 수 있는 익스텐션을 만드는 것이다. 20~30명의 사람이 함께 모여 예배를 드린 후 가까운 캠퍼스 교회에 참여할 수 있도록 돕는다. 그렇다고 해서 온라인 사역의 비중을 줄이는 것은 아니다. 오히려 온라인 사역자의 역할을 높이고 온라인 공동체를 격려한다.

예배 또한 온라인 성도를 위한 광고와 컨셉을 강화한다. 새들백 교회는 온라인 사역이 이 시대에 믿지 않는 사람들에게 다가갈 수 있는 더 적합한 통로로 여기고 있기에 오프라인을 위해 온라인을 축소하는 방식을 택하지는 않았다. 대신, 온라인과 오프라인이 연결될 수 있도록 전략을 만들고, 궁극적으로 오프라인 공동체와 모임으로 이끌 수 있도록 한다.

락하버 교회Rock Harbor Church

락하버 교회는 코로나19 이전, 역동적인 예배와 활기찬 지역 선교 사역으로 많은 젊은이를 끌어당겼던 교회였다. 약 4천 명의 성도들이 모였던 이 교회는 평균 연령이 30대 미만일 정도로 젊다. 그렇지만 팬데믹은 이 교회에도 큰 충격을 주었다. 현재 현장 예배의 회복률은 50% 정도에 머물고 있고, 참여하는 사람들 가운데 절반 정도는 새로운 얼굴이어서 또 한번 놀라고 있다. 그만큼 많은 변화와 충격을 지역과 교회가 받는 중이다. 캠퍼스 담당 목사인 키트 래Kit Rae는 지난 18개월 동안 미국 사회가 받은 반목과 아픔이 교회에 그대로 투영되었다고 말한다. 세상에서 나타난 정치적 갈등과 분열, 분노와 두려움 등이 성도들에게 전이되어 신앙적 일치를 깨는 원인이 되었다는 것이다.

그런 맥락에서 교회는 회복과 돌봄에 집중하고 있다. 다양한 기도 사역과 설교 메시지를 통해 하나님의 위로와 사랑, 치유가 흘러가도록 노력하고 있다. 아울러 온라인에 머무는 성도들을 현장 예배로 돌아올 수 있도록 환경을 조성하고 있다. 젊은 세대이기에 온라인의 편리함을 더 강하게 느끼고, 새로운 삶의 리듬에 더 쉽게 적응하는 현상을 주목했다. 이들도 역시 온라인 사역 자체를 약화시키지는 않았다. 현장 예배로 유도하되 온라인 예배를 드릴 때는 이웃들과 소그룹으로 함께 모일 수 있도록 격려하고 있다. 오프라인에서는 건강에 대한 위험을 최소화하기 위해 처음에는 주차장에서 야외 예배 장소를 마련했다. 현재는 야외 예배와 실내 예배를 병행하고 있다. 상황이 더 안정되면 완전히 교회 내부로 옮겨갈 예정이다.

키트 래 목사는 현장 예배를 오픈하기 전에 대여섯 개의 전략을 세웠다고 말했다. 그런데 현실은 달랐다. 리오픈한 후 처음부터 많은 성도가 올 거라는 예상이 빗나갔다. 아울러 모든 사람이 돌아올 거라는 생각도 틀렸음을 알게 되었다. 그러면서 발견한 사실이 있다. 가장 먼저, 성경과 역사를 통해 검증된 것만 남는다. 사람들은 빌딩이나 프로그램이 아닌 진정한 공동체를 원한다. 그런 측면에서 코로나19 이후 사역은 '관계'가 핵심이다. 어떻게 다시 성도들과 연결될 것인가가 중요하다.

이런 배움 속에서 교회는 다시 성도들과 연결되기 위해 다각도의 노력을 기울이고 있다. 전화하고, 집을 찾아가고, 개인과 개인을 연결하면서 교회와 성도, 성도와 성도가 다시 연결될 방법을 택했다. 느리지만 이것이 답이라고 그는 말한다. 그러면서 현재 교회는 즉각적인 반응을 보이는 20% 성도들과 느리게 반응하는

60% 성도, 전혀 반응하지 않거나 사라진 20% 성도가 있다고 분석했다. 락하버 교회는 헌신적인 20%의 성도들을 통해 60%의 성도들이 돌아오게 하는 데 초점을 두고 있다. 성도가 성도를 컨택하고 이끄는 방식만큼 효율적인 전략은 없기에 그 사역에 초점을 맞추고 있다.

노스코스트 교회 North Coast Church

샌디에고에 위치한 노스코스트 교회도 많은 배움과 영감을 주었다. 노스코스트 교회는 북미에서 가장 혁신적인 10대 교회 중하나이면서 건강한 소그룹 사역으로 많은 영향을 주는 교회로 유명하다. 오랫동안 수백 개의 교회와 네트워크를 이루며 사역을 주도해 왔기에 미국 교회의 현주소를 가장 현실감 있게 알 수 있는 만남이었다.

담임목사인 크리스 브라운 Chris Brown에 따르면 자신들의 네트워크에 속한 다양한 교회는 평균적으로 현장 예배를 오픈한 후 초창기에는 40% 정도, 6개월에서 9개월 정도가 흐른 뒤에는 60% 정도까지 회복되었음을 확인해 주었다. 노스코스트 교회도 6개월이 지난 현재 정확히 62% 성도가 현장 예배에 돌아왔다. 이 교회에서도 팬데믹 기간 중 정치적인 이슈나 다른 견해로 인해 교회를 옮기거나 떠난 성도들이 많았음을 고백했다. 그런데 그 가운데

90% 이상은 교회 사역이나 재정적인 면에서 헌신적인 성도가 아니었음도 알게 됐다.

온라인에 머무는 성도들 가운데 상당수는 여전히 건강과 안전에 대한 염려가 있는 분들이다. 또 다른 부류는 온라인 예배에 익숙해 그곳에 머물고자 하는 성도들이다. 그런데 한 가지 특이한 현상은 온라인에 머무는 성도들이라 할지라도 교회의 소그룹인 'Life Group'에 여전히 참여하고 십일조와 헌금도 하고 있다는 점이었다. 눈에 보이는 숫자는 줄었지만, 팬데믹 기간에 소그룹과 헌금이 더 증가하는 현상을 그들은 경험하고 있다.

노스코스트 교회는 현재 교회 근처에 있지만 온라인에 머무는 성도들을 어떻게 현장 예배로 이끌지에 대한 고민과 전략을 짜고 있다. 성도들이 돌아오게 하는 전략을 정리하면 다음과 같다.

첫 번째, 캘리포니아보다 앞서 현장 예배를 개시했던 다른 주들의 교회들을 연구했다. 그들 중에는 그랜드 오프닝 행사나 파티, 이벤트를 통해 성도들을 다시 불러 모으려 했던 교회들이 있었다. 노스코스트 교회는 그 반대의 전략을 취했다. 성도들에게 교회는 한 번도 닫힌 적이 없었다는 사실을 강조했다. 건물은 닫혔었지만, 신앙 공동체로서의 교회는 중단된 적이 없었음을 주지시키며, 교회에 대해 새롭고 신선한 관점을 형성하기 위해 노력했다. 즉, 교회는 건물이 아니다 성도 자신이 교회이기에 새로운 형태의 신앙 생활과 모습을 긍정적으로 유도하려 노력하고 있다.

두 번째, 신앙의 주체가 누구이며 어떻게 반응해야 하는지를 가르치고 있다. 신앙은 교회의 프로그램과 사람을 의존해 형성되는 것이 아니라 그리스도와의 관계 속에서 스스로 세워가는 것이기에, 책임감 있는 성도로서 자신을 정립하고 가정과 이웃, 동료들을 돕고 이끄는 데까지 성장해야 함을 도전한다.

세 번째, 교회에 대한 새로운 패러다임이다. 크리스는 이들이 경험하고 있는 변화가 새로운 시즌season이 아니라 새로운 시대era에 돌입했음을 말한다. 현재 가정, 온라인, 스몰 그룹으로 드리는 예배가 새로운 교회의 형태임을 인정하고 그에 대한 신앙적이며 성경적 의미를 부여하는 노력을 기울이고 있다. 모여 드리는 교회와 흩어져 드리는 예배를 모두 인정한다. 그렇지만, 공동체적 예배와 선교적 사명을 잊어서는 안 된다. 만약 온라인 예배에 참여하고 있다면, 이웃을 초청해 6~10명 정도가 함께 모이는 공동체적 예배를 권면한다. 교회는 이러한 형태의 공동체들도 같은 신앙 공동체에 속해 있는 가족이며 지체임을 강조하고 있다.

그러므로 인해 교회는 더 유기적이며 선교적인 공동체가 될 수 있음을 그들은 믿는다. 이 교회는 지난 1년 동안 새롭게 십일조를 드리는 700명의 성도가 더해지고 재정적 성장이 일어났는데, 팬데믹 기간에 발생한 교회의 새로운 단면을 경험하고 있다고 본다. 교회가 요동치고 있다. 그러나 그들은 과거로 돌아가지 않고 새로운 시대에 맞는 새로운 형태의 교회가 되기를 원한다.

매리너스 교회Mariners Church

매리너스 교회는 팬데믹 기간에 가장 공격적이고 역동적인 사역을 했던 교회로 기억될 만하다. 그들은 현장 예배가 전면 중지되었던 첫 두 달을 제외하고 계속 현장 예배를 드렸다. 한 곳에 많은 수가 모일 수 없었기에 정부가 허용하는 숫자에 맞춰 예배 장소를 넓혀 나갔다. 이들은 본당 예배 대신, 여덟 개의 다른 지역에 장소를 렌트 해 주일 하루 세 번씩 예배를 드리는 전략을 택했다. 각 예배 인원은 100명으로 제한되어 있었지만, 각기 다른 장소에서 세 번의 예배를 진행했기 때문에 매주 4천 명이 모여 예배하는 지속성을 이어갈 수 있었다.

그 결과는 놀라웠다. 기존 성도뿐 아니라 현장 예배에 목마른 지역의 성도들이나 교회를 떠나갔던 사람들이 찾아오기 시작했다. 원래 매리너스 교회는 매년 새로운 도시에 새로운 교회를 개척할 계획을 세우고 있었다. 그런데 팬데믹을 통해 1년에 네 개의 교회를 개척할 수 있었다.

본당 예배가 재개되었을 때도 그들은 성도들이 안전하게 예배할 수 있는 다양한 방법을 모색했다. 먼저는 야외에서 예배할 수 있는 시설을 확충했고, 이것도 불편한 성도들을 위해 자동차 안에서 드리는 드라이브인drive-in 예배도 시작했다. 현재는 여러 캠퍼스와 야외 예배, 드라이브인 예배, 실내 예배 모두를 실시하고 있다.

그 결과 이 교회는 현장 예배 숫자가 팬데믹 이전과 비교해 거의 두 배 이상 성장하는 결과를 맞았다. 글로벌 사역 담당 목사인 크리스천 문가이Christian Mungai는 본당을 가장 나중에 오픈하는 대신 성도들이 있는 지역으로 찾아간 전략이 주효했다고 평가했다. 이 사역을 하면서 그들이 잊지 않고 있었던 몇 가지 원칙은 첫째 최대한 안전하게 오픈하고, 둘째 선교적으로 생각하는 노력을 멈추지 않는 것이었다. 여기서 주목해야 할 또 하나의 포인트가 있다.

오프라인 예배 재개가 성공적으로 이루어지게 된 데에는 온라인 사역의 공헌이 컸다는 점이다. 그들은 모든 온라인 콘텐츠를 최고의 상태로 만들었고 많은 사람이 접속할 수 있도록 노력했다.

그렇게 연결된 사람들을 적극적으로 목양했다. 온라인 채팅과 기도, 스몰 그룹으로 인도하면서 목회적 돌봄을 받을 수 있게 했다. 온라인과 드라이브인 예배, 야외 예배, 실내 예배 등이 결합해 시너지를 만들 수 있었다.

선교적 적용

다양한 현장을 살펴보면서 하나의 획일화된 전략은 없다는 점을 알게 되었다. 지역교회마다 처한 환경과 상황이 다르기에 특정 모델을 따르기보다는 자기 상황에 맞는 전략과 방법을 찾는 것이 중요하다. 그런데도 몇 가지 중요한 교훈과 적용점을 발견하게 된다.

첫 번째, 지금은 그랜드 오프닝보다는 장기적인 전략이 더 필요한 시점이다. 코로나19 이후 회복의 길은 생각보다 오랜 여정이 될 확률이 높다. 그 과정에서 낙심하는 사역자들과 교회 공동체가 생길 수도 있다. 그러나 이 시대에도 하나님은 살아계시고 그분의 일을 하고 계시다. 성도의 회복을 위해 교회는 더 지속적이고 적극적인 노력을 해야 한다.

두 번째, 구조와 체질을 바꿔야 한다. 과거의 모습을 답습해서는 안 된다. 새로운 시대에 맞는 새로운 교회가 되어야 한다. 가장 먼저는 교회의 존재 이유를 더욱 명확히 해야 하며, 나아가 시대에 맞는 선교적 교회가 되기 위해 변화해야 한다. 많은 미국 교회가 노력하고 있는 것처럼, 어떻게 더 작고 유기적이고 생명력 있는 교회 구조를 형성할 수 있을 것인지를 고민해야 한다. 사람들은 콘텐츠가 아닌 관계에 대해 더 많은 관심을 기울인다. 진정한 관계에 대한 목마름을 기억하고 사랑과 회복의 공동체가 되도록 해야 한다. 이를 통해 성도 개인과 소그룹 공동체가 이웃들을 향해 선교적 삶을 살고 사역을 감당할 수 있도록 이끌어야 한다.

세 번째, 성도들을 현장 예배로 이끌기 위한 다양한 노력과 헌신이다. 전화와 이메일, 대면 심방을 재개하고, 교회와 멀어졌던 성도들이 다시 연결될 수 있도록 해야 한다. 안전성을 담보로 의미 있는 이벤트와 세미나 등을 기획하고 교회 공동체에 그들이 소속될 수 있도록 도와야 한다. 특별히 지금은 아이들을 위한 교회가 될 필요가 있다. 가족이 안전하게 나올 수 있는 환경과 분위기 조성이 필요하다.

네 번째, 현장 예배에 대한 압력 대신 성도들의 신앙 공동체가 얼마나 아름답고 가치 있는 곳인지를 깨달을 수 있도록 동기 부여를 해야 한다. 성도들의 간증이나 현장 예배의 감동이 전해질 수 있는 비디오 클립 등을 홈페이지나 소셜 미디어를 통해 나누고 알려야 한다. 다양한 커뮤니케이션 채널과 방법을 동원하되 장기적인 안목에서 실행하는 것이 중요하다.

다섯 번째, 이웃을 향한 더 적극적인 사역과 소통을 해야 한다. 교회가 왜 존재하고 있는지, 왜 필요한 공동체인지를 알 수 있도록 도와야 한다. 한국 교회는 현재 매우 힘겨운 상황에 직면해 있다. 그렇지만 사람들의 마음에는 여전히 교회를 향한 기대가 있다. 소속에 대한 갈망과 영적 목마름은 그 어디에서도 채울 수 없다. 교회가 그것을 제공해야 하며 동시에 그러한 경험을 적극적으로 나눌 수 있어야 한다.

케리 니우호프는 미래 교회를 예상하며 다음과 같이 말했다. "선교보다 그들의 모델을 더 사랑하는 교회는 죽을 것이다." 교회의 리오프닝이 본격적으로 시작되고 있는 한국 교회는 어떤 길을 가고 선택해야 하는가는 명백하다. 모든 교회가 과거의 모델을 좇는 대신 새롭고 창의적인 선교의 길을 갈 수 있기를 기대해 본다.
결국은 혼돈의 시기를 통과하는 교회가 할 수 있는 가장 적극적이고 중요한 일은 하나님을 사랑하고, 성도가 서로 사랑하며, 이웃을 사랑하는 본질을 붙잡는 일뿐이다. 그것이 굳어진 사람들의 마음을 부드럽게 만들며 다시 복음으로 그들을 초청할 수 있는 유일한 길이다.

위드 코로나19 시대, 한국 교회가 가야 할 길은 멀다. 풀어야 할 과제도 많다. 그 길이 험하고 과제가 막중할수록 더 깊이 자신을 돌아보고 본질에 뿌리를 내려야 한다. 그러할 때 교회는 주님의 몸으로서 세상을 변화시키는 사명을 감당할 수 있을 것이다.

미주 한인 교회의
리오프닝 전략과 방향

미주 한인 교회의
리오프닝 전략과 방향

CHAPTER · 22

코로나19 바이러스의 파동은 북미의 한인 교회들에도 엄청난 도전과 충격을 주었다. 특별히 건물을 렌트 해 임대료를 내야 하는 소형 교회들의 경우 코로나19는 직격탄이 되었다. 무엇보다 미주의 경우에는 거의 1년이 넘게 현장 모임이 불가한 상태였기 때문에 그 파동은 더욱더 강했다. 많은 교회가 생존의 위협에 시달렸고 거대한 폭풍우 속에서 살아남기 위한 치열한 몸부림을 쳐야만 했다. 그 가운데 문을 닫게 된 교회도 있었고, 기약 없이 흩어진 교회도 발생했다. 그렇게 힘든 시간을 보낸 후 다시 모이게 된 교회의 모습은 매우 달라져 있었다.

이번 챕터를 통해서 필자는 코로나19로 인해 미주 한인 교회들이 겪었던 도전과 변화를 고찰하면서 위드 코로나19 시대의 사역 방향을 탐색해 보고자 한다.

그러나 북미 전체 한인 교회를 살펴보는 것은 현실적으로 불가능했기 때문에 남가주 로스앤젤레스 카운티와 오렌지 카운티에 있는 교회들을 주 대상으로 하였고, 그중에서도 필자가 디렉터로 섬기고 있는 미셔널 처치 얼라이언스Missional Church Alliance, 이하 MiCA에 속해 있는 중형 교회들의 리더들과의 인터뷰를 통해 최종 데이터가 작성되었다. 물론 내용의 균형을 위해 주변의 교회들과 중부와 동부에 있는 교회들의 상황 또한 참조했음을 밝힌다.

코로나19의 영향과 과제

2021년이 시작되면서 미주의 선교적 교회 연합 단체인 MiCA는 코로나19가 교회에 끼친 영향을 파악하기 위해 설문조사를 했다. 약 2천 명 이상이 참여한 본 조사를 통해 우리는 코로나19가 성도들의 신앙생활과 의식에 어떤 변화를 초래했는지, 또한 코로나19 이후 변화될 상황에 대한 전망을 할 수 있었다.

서른한 개의 질문을 통해 먼저, 코로나19 기간 중 성도들은 신앙생활을 어떻게 했는지, 온라인 예배에 대한 만족도는 어떠했는지 등을 파악했다. 이 기간에 성도들은 온라인 영상 예배에 대한 높은 만족도를 나타냈다. 무려 80%의 성도들이 대체적 혹은 매우 만족한다는 대답을 했다.

만족에 대한 이유는 장소와 시간에 제약이 없다는 응답이 54%, 시간을 이전보다 자유롭게 쓸 수 있다는 응답이 31%, 온 가족이 함께 예배할 기회가 주어졌다는 응답이 10%로 주를 이루었다. 불만족을 제기한 응답자들은 예배에 대한 집중성이 떨어진다는 응답이 30%, 생동감이 없다는 응답이 21%, 공동체성을 느끼지 못하는 것에 대해 아쉬움이 있다는 응답이 43%로 나타났다. 필자는 이번 설문을 통해서 온라인 예배가 가지는 편리성과 접근성 등이 코로나19 상황 속에서 자연스럽게 장점으로 작용했음을 알게 되었다.

그러나 코로나19로 인한 사역의 제한성이 높아지면서 교회 활동과 사역 참여도는 현저히 낮아졌음이 밝혀졌다. 이러한 변화는 성인들의 문제만은 아니었다. 자녀 세대의 경우 예배에 참여하지만 집중하지 않거나40% 아예 참여하지 않는다12%는 응답도 높았다. 당시 목회자들이 가졌던 가장 큰 궁금증은 현장 예배가 재개되었을 때 성도들의 반응이었을 것이다. 이에 대한 성도들의 응답은 신중론이 높았다. 즉각 현장 예배에 참석하겠다는 응답이 38%에 머물렀던 반면, 걱정과 주의를 가지고 예배에 참석하겠다는 응답은 26%, 안전이 보장될 때까지 기다리겠다는 응답은 31%, 잘 모르겠다는 응답은 5% 순이었다.

현재 상황을 고려해 보면 여전히 성도들은 현장 예배에 대한 신중한 입장을 취하고 있음을 알 수 있다. 북미 교회의 경우 현장 예배가 재개된 후 참여율이 서서히 올라가고 있는 것도 사실이다. 예배가 재개된 후 3개월 정도에 30%, 6개월 이후 50~60% 정도가 평균치였다.

미주 한인 교회도 크게 다르지 않다. 소형 교회들은 참여율이 높지만, 중·대형 교회들은 현장 예배 회복률이 50~70% 정도로 조사되었다. 주목할 만한 사실은 현장 예배에 대한 충성도를 보이는 연령대이다. 아이러니하게도 젊은 층보다 시니어 층이 월등히 높은데 여기에 교회의 또 다른 고민이 있다.

2월에 실시한 설문조사와 큰 차이 없는 결과를 보면서 위기감을 느끼게 된다. 긴 코로나19 팬데믹은 성도들의 신앙 형태를 많이 바꾸어 놓았다. 위드 코로나19 시대에 현장 예배에 대한 성도들의 태도는 즉각적인 참여를 원하는 그룹, 신중한 입장을 취하는 그룹, 안전이 담보될 때까지 유보적 태도를 가진 그룹 등으로 나뉠 수 있다. 코로나19의 영향이 지속되고 있는 한 현장 예배가 재개되어도 모든 성도가 빠르게 현장으로 돌아올 것이라는 기대를 하기가 어렵다. 이와 더불어 갖게 되는 고민은 이 기간에 사라져버린 성도들이다.

인터뷰한 목회자마다 연락이 되지 않는 성도들이 발생했고, 그 수치는 약 10~20% 정도에 이른다고 고백한다.

물론, 이민교회의 특성상 그사이 본국으로 귀국했거나 타지역으로 이주한 성도들도 많다. 그러나 코로나19라는 상황이 아니었다면 성도의 상황 변화를 이처럼 파악하는 게 어렵지는 않았을 것이다. 그런 관점에서 이민교회가 직면한 과제는 먼저, 성도들의 상황을 정확하게 파악하고, 현장 예배에 미온적인 성도들을 어떻게 다시 교회에 참여하게 할 것인가? 나아가 교회와 신앙으로부터 멀어진 성도들을 다시 재 복음화하는 것으로 압축될 수 있다.

리오프닝 이후 상황 분석

교회가 전면 개방을 한 후 형편은 다르지만 처한 상황은 매우 유사했다. 시대적 난관을 극복하기 위한 공동의 전략이라든가 혹은 개교회에 최적화된 뚜렷한 방향을 설정하기가 매우 어려운 시기임이 분명하다. 따라서 대부분의 교회는 그 누구도 가보지 않았던 미지의 길을 개척하는 심정으로 각자 상황에 맞는 접근을 하기 위해 노력하고 있었다. 끊임없는 고민과 기도 속에서 교회들은 어떤 노력을 기울이고 있을까? 그리고 거기서 발견한 특징은 어떤 것들이 있을까? 몇 가지 주목할 만한 점들을 확인해 보자.

첫 번째, 몇몇 교회는 현장 예배를 독려하기 위한 특별 이벤트를 실시했다. 추수 감사절이나 창립 기념일 등을 기점으로 푸드 트럭을 부르고 축제를 마련하기도 했고, 특별 집회나 부흥회, 청년들과 다음 세대 위한 축제도 열었다. 이벤트는 성공적이었다. 평소보다 많은 성도가 참여했고 분위기 역시 좋았다. 그러나 그다음 주가 되었을 때 이벤트 참여한 인원이 현장 예배에 참여하지는 않았다. 일회적인 이벤트 효과로 끝났다는 점에서 목회자들은 실망하기도 했고 혼란스러워하기도 했다. 아직 정확한 진단을 하기 어려운 미스테리한 상황이 이어지고 있다.

두 번째, 다른 교회들보다 회복률이 빠른 교회에서 발견된 모습이었다. 대부분 교회가 50~60% 정도의 회복률을 보일 때 70%

혹은 그 이상의 회복률을 보인 교회들이 있다. 이들의 경우 리오 픈한 지 4~5개월 만에 높은 회복률을 나타냈는데, 문제는 그 이상으로 올라가지 않는 현실이다. 깨지지 않는 20~30%의 벽이 존재하는 것이다. 이 범주에 속한 D 교회의 경우 움직이지 않는 성도들에 대한 자체 분석을 통해 다음과 같은 층이 있음을 알게 되었다.

첫 번째 층은 기저질환을 앓고 있거나 건강에 대한 염려, 혹은 유아 자녀를 둔 가정 등의 경우다. 이들은 코로나19 변이에 대한 두려움으로 인해 교회에 오는 것이 자유롭지 못하다.

두 번째 층은 온라인 예배에 더 만족해하는 층이다. 앞선 설문조사 중 '현장 예배가 재개되었을 때 현장과 온라인 예배 중 어떤 예배에 참여할 것인지'에 대한 질문이 있었다. 현장 예배에 먼저 참여할 것이라는 응답은 62%, 온라인 예배에 먼저 참여할 것이라는 응답은 12%, 현장 예배와 온라인 예배에 혼합하여 참석하겠다는 응답이 23%였다.

이러한 데이터를 놓고 보면 지금의 현상이 이해가 간다. 1년 이상의 온라인 예배를 통해 34%의 성도들은 이제 현장 예배만 고집하지 않는 부류가 되었다. 또 하나 흥미로운 점은 현장 예배를 선호하는 성도들조차 과거와 같이 변함없이 주일 예배만을 고수하지는 않는 현실이다.

　과거 교회는 현장 예배를 생명과 같이 가르쳤고, 성도들 또한 그런 신앙생활을 동경했다. 멀리 지방 출장을 갔을 때조차 주일 예배를 지키기 위해 스케줄을 조정해 돌아오는 성도가 많았다. 미국의 경우 한국 출장이 잦은 한 집사님은 예배를 지키기 위해 주일 예배를 드린 후 한국행 비행기에 몸을 실었고, 토요일 저녁이면 어김없이 돌아오는 성도도 있었다.

　그러나 코로나19 팬데믹은 다양한 형식으로 예배를 드릴 수 있다는 인식 전환의 계기가 됐다. 이는 예배에 대한 중요성이 희미해졌다기보다 예배드리는 방식에 대한 새로운 이해와 접근을 하는 성도가 많아졌다는 사실을 의미한다. 현장 예배가 이전과 같아지기 어려운 이유다.

　세 번째 층은 그사이 교회를 옮기거나 완전히 떠난 사람들이다. 미국 교회의 경우 이 부류를 20% 이상으로 보고 있는데, 한인 교회들의 경우는 5~10% 정도로 보고 있다. 물론, 교회마다 상황이 다르기 때문에 일반화할 수는 없다. 하지만, 이러한 성도가 존재하고 있기에 좀 더 정확한 데이터가 필요한 시점이라는 점은 명확하다.

리오프닝 이후 회복 전략

이러한 상황 속에서 한인 교회들은 어떠한 전략을 세우고 있을까? 서두에 언급한 것처럼 어떤 특정 전략을 통해 난관을 극복해 가기보다는 상황 변화에 민감하게 반응하되 서서히 현장의 열기를 끌어 올리는 방식을 채택한 경우가 많다. 그중 몇 가지 방식을 소개하고자 한다.

첫 번째, 가장 먼저 추구하는 방식은 현장 예배에 대한 새로운 접근과 경험의 중요성이다. 코로나19 상황이 종식되지 않았기 때문에 예배 참여에 대한 여러 제한이 있음을 인정하되 성도들에게는 지속해서 현장 예배의 중요성을 알린다. 특별히 건강 이외의 이슈로 참여하지 않는 분들을 대상으로 이 메시지는 더 집중된다. 여기서 중요한 점은 교회에 나와야 하는 당위성보다 현장 예배만이 줄 수 있는 경험치를 극대화하려는 노력이다.

한 목회자는 본인이 섬기는 교회의 경우 현장 예배의 맛을 본 사람은 다시 온라인으로 돌아가지 않는 경험을 하고 있다고 밝혔다. 현장 예배만이 줄 수 있는 감격과 공동체성, 성도의 교제가 코로나19 기간 쌓였던 영적 갈증과 관계의 목마름을 해소해 줄 수 있는 통로가 되고 있다는 것이다. 그렇기에 이 교회는 이전보다 더 많은 시간과 노력을 기울여 예배를 준비한다. 예배 형식도 바꾸었는데, 함께 드리는 찬양과 기도의 중요성을 부각하면서 설교 이후의 합심 기도 시간을 늘렸다.

열쇠는 예배의 생동감과 감격에 있다. 만약 현장 예배에서 온라인 예배와의 차이점은 느끼지 못한다면 굳이 불편과 위험을 무릅쓰고 교회에 나올 이유 또한 잃게 될 것이다. 많은 교회가 이처럼 경험을 극대화할 수 있는 예배를 통해 차별화를 이루려 노력하고 있다.

두 번째, 점진적으로 이전의 사역을 회복하되 하이브리드 사역을 강화하는 전략이다. A 교회는 코로나19 이전에 4부 예배를 드렸다. 코로나19 이후 새롭게 현장 예배가 시작되었을 때는 2부 예배를, 5개월이 된 시점부터 3부 예배를, 8개월 이후부터는 4부 예배로 확장했다. 예배를 늘리면서 참여하는 숫자도 조금씩 늘어났다. 처음부터 예전과 같은 예배를 열었을 때 적은 숫자로 인해 예배의 역동성이 떨어질 수 있기에 A 교회는 상황에 맞게 대처하는 전략을 택했다.

그러면서 어떻게 주일 예배를 더욱 부각할 수 있을까에 대한 고민을 하게 됐다. 성도들이 처한 상황을 직시하면서도 최대한 주일 예배에 집중할 수 있게 하기 위해 A 교회는 예배 외 모든 훈련과 양육을 주중으로 옮겼다. 온라인과 오프라인을 병행하되, 온라인 기반에 오프라인 모임을 배치하는 형식으로 진행했다. 온라인에 오프라인이 병행되자 만남에 대한 기대감이 높아졌다. 이러한 분위기가 조성되자 주일 예배 또한 축제적 성격으로 변했다. 무엇보다 거리상 평소 양육과 훈련에 참여할 수 없었던 성도들의 참여도와 소속감이 높아졌다. 또한 온라인에서 만났던 성도들이 오프라인으로 모이고 다시 주일에 공동체적 예배를 드리자 예배의 열기 또한 뜨거워졌다.

세 번째, 소그룹 중심의 사역 전략이다. 팬데믹 기간을 통해 검증된 가장 중요한 발견 중 하나는 소그룹 공동체의 중요성이었다. 사역하면서 가장 어려운 점 중의 하나가 성도들이 갑자기 증발하는 경우다. 더는 연락이 되지 않고 형편을 알 수 없는 경우가 많아졌다. 그런데 그 반대 경우도 있었다. S 교회의 경우에는 개척부터 소그룹 중심의 사역 구조를 구축했다. 이 교회는 등록 성도가 되기 위해서는 소그룹에 반드시 참여해야 한다. 팬데믹 기간에도 교회는 줌과 온라인을 통해 소그룹 리더 교육을 매주 했고, 소그룹 모임 역시 온라인을 통해 지속했다. 그 결과 성도들의 이탈률이 현저히 낮았다.

J 교회는 팬데믹 이후 소그룹 사역의 역동성을 살리기 위해 노

력하는 경우다. 이 교회는 대부분의 성도가 젊은 가정으로 이루어져 있는데, 현재까지 출석률은 50% 정도에 머물러 있다. 특히 어린 아이가 있는 가정이 교회 모임에 참여하는 것을 여전히 주저하고 있다. 이들을 위해 교회는 소그룹 모임을 활성화하려 노력하고 있다. 현재는 '셀 모임 챌린지'라는 행사를 통해 모든 성도가 3개월간 셀 모임에 참여하도록 유도하고 있다. 안전한 환경 속에서 셀 멤버가 만나게 되고, 이후 현장 예배에 참석할 수 있도록 이끌어 갈 전략이다.

네 번째, 밀착형 돌봄 사역이다. C 교회는 코로나19 이후의 사역에 대해 '늦게 멀리 작게'라는 사역 철학을 세웠다. 가급적 천천히 그러나 지속적인 변화를 통해 활성화를 이루는 전략이다. 이 사역의 중심에도 소그룹이 있는데, C 교회는 팬데믹 기간에 교회에서 소그룹 모임을 할 수 있도록 공간을 재구성했다. 무엇보다 안전한 소그룹 모임을 위해 야외 카페와 열 개의 열린 소그룹 모임 장소를 만들었다.

코로나19 팬데믹 기간에도 모임이 중단되지 않도록 했던 노력이 주요했다. 리오프닝을 한 이후에는 6개월에 걸쳐 목장 단위로 대심방을 실시 중이다. 집으로 찾아가는 대신 교회 야외 공간에서 모인다. 소그룹 모임에 담당 목회자가 참여하여 성도들을 직접 대면한다.

이렇게 파악한 내용을 근거로 해서 다음 단계에서는 치유 중심의 심방과 상담을 하려 한다. 특별히 C 교회는 성인 성도들뿐 아니라 다음 세대를 위한 돌봄 사역도 시작했다. 이를 위해 스텝 보강과 더불어 두 명의 상담사를 채용했다. 코로나19는 자녀 세대에게도 심적 영적으로 충격을 안겼다. 디프레션depression에 빠져 있는 자녀들을 돌보고 가정 회복을 위해 많은 노력을 기울이는 중이다.

다섯 번째, 믿지 않는 이웃을 향한 섬김과 의미 있는 관계를 형성하는 전략이다. 팬데믹으로 인해 언택트 문화가 자리 잡게 되면서 관계에 대한 목마름을 가진 사람들 또한 많아졌다. 이러할 때 교회가 믿지 않는 이들을 향한 선교적 노력을 기울일 수 있을까? 사실, 오늘날 교회는 그 어느 때보다 사역이 위축되어 있지만, 다른 측면에서는 씨앗을 뿌리고 추수를 기다릴 때임을 잊어서는 안 된다.

S 교회의 경우 지난 팬데믹 기간에 일주일에 한 번씩 총 다섯 차례의 5주간 새가족 교육을 했다. 온라인 예배에도 불구하고 지속적인 성장을 이룰 수 있었다. 가장 큰 이유는 교회의 사역 목표와 구조가 교회를 떠난 가나안 성도와 믿지 않는 이웃들에 집중

되어 있기 때문이다.

리오프링 이후에도 그러한 사역은 이어졌다. 교회 밖 사람들이 믿음의 공동체와 연결될 수 있도록 관심사 중심의 소그룹을 만들고 이웃을 섬기며 초청하는 과정을 반복했다. 크리스마스 시즌을 맞이해서는 한 달간 영화 설교도 한다. 이를 통해 신앙이 없는 이웃을 초청하고 자연스럽게 복음을 들을 기회를 제공한다. 이렇듯 선교적 정체성에 입각한 사역이 가시적 열매로 이어졌다. 교회의 존재론적 목적이 사역을 형성하고, 그러한 사역이 새로운 길을 여는 통로가 된 것이다.

선교적 적용

미주 한인 교회의 상황을 살펴보며 몇 가지 중요한 인사이트를 얻게 됐다.

첫 번째, 리오프닝을 위해 가장 중요한 점은 역시 본질에 대한 새로운 각성임을 알게 됐다. 이 시기를 통과하면서 성도들은 교회에 대한 다양한 관점을 가지게 됐다. 주일 성수나 예배에 대한 개념도 달라졌다. 당연히 예배를 드리는 방식과 선택의 폭도 넓어졌다. 이러할 때 중요한 것이 교회론이다. 기능적 교회론을 넘어 진정한 그리스도의 몸 된 교회에 대한 인식과 어떻게 공동체로서 교회를 세워갈 수 있을지를 붙잡아야 한다. 교회의 본질이 시대의 핵심이다.

두 번째, 목적이 있는 이벤트가 필요하다. 코로나19 팬데믹을 통해 이벤트 중심의 사역이 비효과적이라는 사실을 깨닫게 됐다. 그렇지만 이것이 이벤트 무용론을 의미하는 것은 아니다. 성도들이 교회에 올 수 있는 크고 작은 기회를 만들어야 한다. 대면할 기회가 필요하다. 그리고 그러한 접촉이 예배로 이어질 수 있도록 전략적 루트를 세워야 한다. 그렇기에 이러한 이벤트는 동원의 측면이 아니라 참여와 경험의 관점에서 기획되어야 한다. 의미 있는 시간과 공동체에 대한 소중함, 그리고 소속에 대한 안정감을 가질 기회를 찾고 제공하라.

세 번째, 새가족 중심의 사역을 구상하고 실시하는 일이다. 이 시간은 혼돈의 시기이며 동시에 무게 중심이 바뀌는 때이기도 하다. 현상적으로 볼 때는 성도들의 이동이 많고 성장하는 교회와 쇠락하는 교회가 더욱 뚜렷해질 가능성이 높다. 이러할 때 교회의 사명과 목적이 중요하다.

교회의 역량은 잃어버린 영혼을 찾고 그들에게 복음을 전하는 일이다. 지금이 바로 그러한 사명을 재확인할 때이다. 교회가 이동 성장을 위해 힘을 기울이지 않고 대신 복음이 필요하고 목마른 자에게 손을 내밀고 그들을 위한 교회가 되어야 한다. 바로 그러한 노력이 내적 생명력을 부활시키고 외적 사역에 힘을 불어넣는 원동력이 된다.

네 번째, 지역사회를 위한 섬김 사역의 중요성이다. 한국 교회의 위기는 교회의 존재론적 위기와 그 맥을 같이 한다. 이웃을 사랑하고 섬기는 사명을 위해 존재했다면 교회는 이 위기의 시기에 더욱 빛이 났을 것이다. 그러나 아쉽게도 한국 교회는 그 부분에서 실패했다.

MiCA 연합사역을 하면서 배운 가장 큰 교훈이 이점이었다. 위기의 시기에 교회들이 함께 프로토콜을 만들고 공동 대응을 했다. 나아가 본질을 지키기 위해 다양한 방식과 채널을 통해 섬기는 사역을 지속했다. 공동으로 연합 새벽 예배를 열고, 정부 혜택을 받지 못하는 가난하고 소외된 사람들을 위해 식사 대접하는 만나 프로젝트를 하고, 연약하고 작은 교회들을 섬기는 사역을 감당했다. 그러자 교회에 대한 성도들의 인식이 바뀌었다.

설문조사에 따르면 이 사역에 참여했던 교회들의 성도들은 코로나19 팬데믹을 통과하면서 교회에 대한 인식이 그 전보다 더 좋아졌다고 대답했다. 많은 사람이 교회에 대한 자긍심을 느낀다고 대답했다. 가장 주요한 원인은 위기의 시기에 교회가 교회다운 모습을 보였기 때문이었다.

교회 밖 사람들이 교회를 염려하고 교회를 다니고 있는 성도들조차 교회에 대해 비관적인 전망을 하고 있는 현 상황을 직시해야 한다. 아니 뼈를 깎는 아픔을 가지고 대해야 한다. 어떻게 교회가 교회다워질 수 있을지, 어떻게 교회가 위기의 시기에 꼭 필요한 공동체로 존재할 수 있을지를 고민하고 세워가야 한다. 예수를 따르는 제자들의 공동체로서의 모습을 회복해야 한다.

Epilogue

You are currently offline······ 'refresh'

컴퓨터로 인터넷 검색을 하려 할 때 종종 뜨는 메시지이다. 신호 변동이나 채널 정체, 혹은 데이터 손실로 Wifi 연결이 불량할 때 발생하는 현상이다. '리프레시Refresh' 버튼을 눌러야 한다.

교회 사역에도 리프레시가 필요하다. 변화된 시대에 맞는 사고의 리프레시가 필요하고, 손실된 것을 회복하기 위한 리프레시도 필요하다.

과연 어디에서부터 시작해야 할까? 얼마 전 한 예능 프로그램에 나와서 화제가 되었던 임택 여행 작가의 이야기다. 그는 폐차를 6개월 앞둔 마을버스를 타고 22개월간 총 48개국 147개 도시를 다녀 화제가 되었다. 흥미로운 사실은 그가 구입했던 마을버스는 원래 시속 60km 이상을 달리지 못하게 장치되어 있었다. 장치를 풀고 해외여행에 나섰지만 당장 시속 60km 이상을 달리는 건 불가능했다. 그도 그럴 것이 평생을 시속 60km로 가다 서다를 반복한 차량이었다.

속도를 높일 때마다 엔진이 깨지는 듯한 소리가 들렸고 엄청난 고통이 따랐다. 무서웠다. 그러나 반복적으로 한계를 극복하려 하자 결국 120km까지 달리게 되었다.

"우리 또한 자신의 한계를 자신이 설정하잖아요. 그리고 도전하지 않잖아요."

그는 마을버스를 몰며 인간의 습성을 발견했다.

마치 오늘 우리 교회가 이와 같다는 생각이 든다. 세상은 엄청난 속도로 변하며 종잡을 수 없는 시대로 접어들어 가지만, 교회는 여전히 시속 60km의 한계에 갇혀 도전할 생각을 하지 않는다.

과거로 돌아가기를 기대하지만 결코 그런 일은 발생하지 않을 것이다.

사고의 리프레시가 필요하다. 정지 화면을 깨고 움직여야 한다. 새로운 상상력을 가지고 도전해야 한다. 시도해야 한다. 그래야 자신의 한계를 깰 수 있다.

또 하나의 원리는 손실된 데이터를 회복하는 일이다. 코로나19 팬데믹의 여파로 교회가 무기력해 졌다. 아무것도 할 수 없는 교회가 많아졌다. 인력과 자원이 부족해서, 주어진 상황이 너무 열악하기 때문에 할 수 없다는 이유가 설득력 있게 들린다. 물론 냉혹한 현실을 외면할 순 없다. 그러나 그것이 전부일 순 없다.

1970년대 우루과이에서 있었던 일이다. 독재정권으로 말미암아 모든 예배가 금지되고 성직자들은 감옥에 갇혔다. 성도들은 성찬식을 소원했다. 그렇지만 그곳엔 성직자도 빵도 포도주도 없었다. 모든 것이 불가능하다고 여겨졌던 그때, 그들은 상상도 못했던 방식으로 의식을 행한다. 빵과 포도주 없는 성찬식을 거행한 것이다. 마치 눈 앞에 빵과 포도주가 있는 것처럼 빵을 먹고 포도주를 마시는 의식을 행했다. 그곳에 형용할 수 없는 감격과 눈물이 넘쳤다김재우, 『기꺼이 불편한 예배』 내용 중.

책 속에서 저자는 말한다. "교회의 창의적 예배는 때로 충분한 예산과 자원이 아니라 변두리와 구석으로 몰리는 한계 상황에서 탄생한다."

정말 그렇다. 1세기 교회와 성도들은 그 어떤 측면에서도 우리보다 편안하고 안전한 구석이 없었다. 그러나 그들은 최고의 예배를 드렸다. 최고의 선교를 펼쳤다.

우리의 문제는 세상이 빨리 변해서가 아니다. 자원이 부족해서도 아니다. 성령이 고갈되었기 때문이다. 영적 갈망이 결핍되었기 때문이다. 성도를 성도 되게 하고 교회를 교회 되게 하는 근원과의 연결이 약해졌기 때문이다.

코로나19 이후 교회는 어떤 모습이 되어야 할까. 나는 상상해 본다.

성령의 능력을 더욱 사모하고 성령의 임재를 더욱 깊이 경험하는 교회!

세상의 모습을 흉내 내는 교회가 아니라 복음을 전하기 위해 더 창의적이고 기발한 모습으로 침투하는 교회!

성직자 중심의 교회가 아니라 모든 성도가 선교 의식을 품고 세상 한복판에서 성령과 더불어 영적 공동체를 형성하며 세상을 섬기고 복음을 전하는 교회!

그리스도의 제자로 보냄 받은 교회와 성도들이 사명을 다하는 교회!

　온라인과 오프라인의 장벽을 넘어 영적 피난처가 되며 구원의 감격이 넘치는 교회!

　세상 속에 있으나 세상과 같지 않고, 그러나 세상을 위한 대안 공동체가 되는 교회!

　그런 교회가 되기를 바란다. 모든 교회가 세상이 설정해 놓은 한계를 넘어 더 뜨겁고 열정적으로 도전하며 사랑하고 섬기는 사명 공동체가 되기를 간절히 소원해 본다.

미 주

1) Tom Sine, 『하나님 나라의 모략The New Conspirators』, 박세혁 역, (서울: IVP, 2014), pp. 59-66.

2) 네 가지 핵심 용어surrender, connect, empower, engage는 Underground 네트워크의 정신과 사명을 각색 인용한 것이다. 자세한 내용은 그들의 홈페이지를 참조하라. <https://www.tampaunderground.com/our-story-index/#story-welcome>

3) Leonard Sweet, Rings of Fire, (Colorado Springs, CO: NavPress, 2019), p. 8.

4) The Billy Graham Center's Send Institute 외, "COVID-19 Church Survey Summary Report April 21, 2020" 2nd Round Survey.

5) Jay Samit, 『파괴적 혁신Disrupt You』, 이지연 역, (서울: 한국경제신문, 2018), p. 7.

6) Nassim Taleb, 『안티프래질Antifragile』, 안세민 역, (서울: 와이즈베리, 2013).

7) Neil Cole, 『교회 3.0Church 3.0』, 안정임 역, (고양: 스텝스톤, 2012), p. 42.

8) Fresh Expressions, "Reset: Start Your Church Again After the

Quarantine", Fresh Expressions Webinar, 2020. 4. 22.

9) Ori Brafman and Rod A. Beckstrom, The Starfish and the Spider: The Unstoppable Power of Leaderless Organizations (New York, NY: Protfolio/Penguin Group, 2006).

10) Dave Gibbons, Small Cloud Rising, (Irvine, CA: Xealots), pp. 30-31.

11) Pete Ward, Liquid Church, Hendrickson, 2002.

12) Charles Taylor, A Secular Age, (Cambridge, MA: Harvard University Press, 2007), p. 3.

13) Andy Crouch, Kurt Keilhacker, and Dave Blanchard, "Leading Beyond the Blizzard: Why Every Organization is Now a Startup" in The Praxis Journal. 2020. 3. 20. 〈https://journal. praxislabs.org/leading-beyond-the-blizzard-why-every-organization-is-now-a-startup-b7f32fb278ff〉

14) Karl Vaters, 『작고 강한 교회Small Church Essentials』, 조계광 역, (서울:

생명의말씀사, 2018), p. 282. 작은 교회를 위한 양육과 멘토링은 본 책 14
장을 참조하라.

15) David Roach, "Coronavirus Searches Lead Millions to Hear
about Jesus", Christianity Today, 2020. 4. 7. 〈https://www.
christianitytoday.com/news/2020/april/coronavirus-
searches-online-converts-pray-cru-bgea-wmo.html〉

16) Greg Laurie," Digital Worship May Create America's Next
Spiritual Awakening", Harvest.org, 2020. 4. 14.

17) Alan J. Roxburgh, 『교회 너머의 교회Joining God, Remaking Church,
Changing the World』, 김재영 역, (서울: IVP, 2018), p. 175.

18) Ed Stetzer, "Time for a New Normal" Outreach Magazine,
July/August 2020, p. 14.

19) Rodney Stark, 『기독교의 발흥The Rise of Christianity』, 손현선 역, (서울:
좋은씨앗, 2016), pp. 117-118.

20) 위의 책, p. 122.

21) Michael Moynagh, Church for Every Context, (London: SCM
Press, 2012), p. 108.

22) 위의 책, p. 239.

23) Miroslav Volf, 『삼위일체와 교회』, 황은영 역, (서울: 새물결플러스, 2012), p. 11.

24) Jason Schenker, 『코로나 이후의 세계The Future After Covid』, 박성현 역, (고양: 미디어숲, 2020), p. 20.

25) 이상훈, 『리싱크처치(Re_Think Church)』, (서울: 교회성장연구소, 2019), pp. 173-186.

26) Tim Keller, 『센터처치Center Church』, 오종향 역, (서울: 두란노, 2016), p. 528.

27) Alan Hirsch, 『잊혀진 교회의 길The Forgotten Way』, 오찬규 역, (서울: 아르카, 2020), p. 96, 98.

28) Michael Moynagh, Being Church Doing Church, (MI: Grand Rapids, Monarch Books, 2014), p. 23.

29) 이상훈, 「생명을 살리는 역동적 공동체로 거듭나라」, 월간 교회성장, 2020. 7. p. 66, 68.

MEMO

리프레시 처치

초판 1쇄 발행 | 2022년 4월 20일

지은이 이상훈

발행인 이영훈
편집인 김영석
편집장 김미현
기획·편집 박기범 하조은
디자인 문영인

펴낸곳 교회성장연구소
등록번호 제 12-177호
주 소 서울시 영등포구 은행로 59 영산복지센터 4층
전 화 02-2036-7936
팩 스 02-2036-7910

홈페이지 **www.pastor21.net**
쇼핑몰 **www.icgbooks.net**

※ 책 값은 뒤표지에 있습니다.
※ 잘못된 책은 구입하신 곳에서 교환해 드립니다.
※ 이 책은 저작권법에 의해 보호를 받는 저작물이므로 무단 전재 및 무단 복제를 금합니다.

ISBN | 978-89-8304-331-3 03230

"무슨 일을 하든지 마음을 다하여 주께 하듯 하라" 골 3:23

교회성장연구소는 한국 모든 교회가 건강한 교회성장을 이루어 하나님 나라에 영광을 돌리는 일꾼으로 성장하는 것을 목표로, 목회자의 사역은 물론 성도들의 영적 성장을 도울 수 있는 필독서를 출간하고 있다. 주를 섬기는 사명감을 바탕으로 모든 사역의 시작과 끝을 기도로 임하며 사람 중심이 아닌 하나님 중심으로 경영한다. "무슨 일을 하든지 마음을 다하여 주께 하듯 하라"는 말씀을 늘 마음에 새겨 하나님께서 주신 사명을 기쁨으로 감당한다.